CM2

l'Atelier de Lecture

Cahier d'entraînement

Collection dirigée par

Alain Bentolila
François Richaudeau

Martine Descouens
professeur des écoles

Jean Mesnager
professeur d'IUFM

Paul-Luc Médard
directeur d'école

Georges Rémond
IEN

Emmanuël Souchier
professeur des universités

Jean-Paul Rousseau
directeur d'école d'application

Nathan

AVANT-PROPOS

La collection ***L'Atelier de lecture*** propose des outils pour le soutien, l'entraînement et le perfectionnement en lecture. Le ***cahier d'entraînement CM2*** permet de mettre en œuvre une véritable et nécessaire pédagogie différenciée de la lecture et de la compréhension en organisant des ateliers de lecture où chaque élève peut progresser en fonction de ses besoins.

Ce cahier a été conçu en relation étroite avec les outils d'évaluation et d'entraînement de la collection *L'Atelier de lecture* : *Fichier d'évaluation CM2* et *CD-Rom d'entraînement CM2*. Il peut, toutefois, être utilisé indépendamment de ces derniers.

1 LES OPTIONS PÉDAGOGIQUES RETENUES

• **Une répartition claire par domaine**

Le cahier est organisé en **4 domaines** : *Bien lire les mots, Bien lire les phrases, Bien lire les histoires, Bien lire les documents.*

Chaque domaine est décliné en 2 objectifs de lecture visant le développement de compétences qui entrent en jeu dans l'acte de lire.

La page de présentation de chaque domaine permet de faire découvrir aux élèves, à travers une activité ludique, le domaine de lecture qu'ils vont aborder.

Domaine 1 : Bien lire les mots

Objectif 1 : J'identifie des mots

On trouve dans cet objectif des activités visant à consolider la reconnaissance orthographique des mots, notamment les « mots outils » dont une bonne mémorisation est un atout pour la lecture. L'élève travaillera aussi le repérage de groupes de mots dans un texte de type documentaire.

Objectif 2 : J'enrichis mon vocabulaire

On cible ici l'enrichissement du bagage linguistique en abordant les variations d'intensité de mots de sens voisin, les synonymes et les antonymes. L'élève s'exerce également à utiliser contexte, définition ou famille de mots pour comprendre le sens de mots d'un registre de langue soutenu, les multiples sens d'un même mot ou distinguer l'emploi au sens propre et au sens figuré d'un mot, d'une expression.

Domaine 2 : Bien lire les phrases

Objectif 1 : Je comprends les phrases (niveau 1)

Ici, l'élève s'entraîne à la compréhension et à l'articulation de phrases et de groupes de phrases à la structure syntaxique simple, qu'elles soient courtes ou longues. On aborde dans cet objectif l'identification du locuteur et la notion de point de vue dans un dialogue, en s'appuyant sur le contexte d'énonciation ; on prolonge, au niveau de la phrase, le travail entrepris dans le domaine Mots sur le sens propre et le sens figuré.

Objectif 2 : Je comprends une phrase (niveau 2)

Dans cet objectif, les activités portent sur des phrases et groupes de phrases complexes. On y aborde l'articulation au sein de la phrase et les changements de sens liés à la reformulation. L'élève s'entraîne également à saisir, dans un court paragraphe narratif, l'atmosphère ou la psychologie des personnages, à dégager l'information principale d'une phrase ou d'un groupe de phrases de type narratif ou documentaire, à repérer la chronologie des actions dans une phrase complexe, à saisir l'implicite d'une phrase ou d'un court paragraphe.

Domaine 3 : Bien lire les histoires

Objectif 1 : Je repère les informations principales d'une histoire

L'élève s'entraîne à repérer dans un texte les éléments explicites qui le constituent : identification des personnages, repérage et chronologie des actions.

ISBN : 978-2-09-122527-2

Objectif 2 : Je comprends le sens d'une histoire

Tout en approfondissant le travail sur les personnages et les temps de l'action, on travaille dans cet objectif le repérage des différentes unités de sens qui composent un texte ; l'élève s'exerce à dégager le sens général d'une histoire, à en saisir l'implicite, à cerner la psychologie des personnages, leurs motivations, l'évolution de leurs sentiments, les relations qu'ils entretiennent entre eux. Il s'entraîne également à repérer similitudes et différences entre plusieurs histoires à la structure proche, et à saisir dans un texte les variations de sens liées au choix du lexique employé.

Domaine 4 : Bien lire les documents

Objectif 1 : Je repère des informations dans un document

Cet objectif cible le repérage d'informations simples dans des documents polymorphes (comportant textes, illustrations, frises chronologiques, tableaux, listes, schémas légendés, cartes...).

Objectif 2 : Je comprends et j'utilise des informations dans un document

À partir de documents polymorphes ou de type linéaire, l'élève s'exerce à repérer et interpréter des informations, à les réutiliser pour compléter d'autres textes ou documents, à croiser les informations de plusieurs sources. À noter que certains documents font l'objet d'une double exploitation (Objectif 1 puis Objectif 2).

• Un entraînement individualisé

L'organisation structurée du cahier permet de prendre en compte l'hétérogénéité de la classe en proposant à chaque élève, à l'intérieur d'un même objectif, des niveaux d'activités en rapport avec ses compétences. Les 4 domaines peuvent être abordés successivement ou en parallèle, selon les besoins des élèves et les choix de l'enseignant.

Dans chaque domaine, les exercices sont déclinés en trois niveaux de difficulté : niveau ☆ (simple), niveau ☆☆ (d'un degré de difficulté légèrement supérieur) et niveau ☆☆☆. Ces derniers proposent des activités plus complexes, requérant des compétences de lecture plus avancées.

• Une vision claire des résultats

À la fin de chaque exercice, un système de codage simple des résultats permet à l'enfant d'apprendre peu à peu à s'auto-évaluer en s'appuyant sur les corrigés (disponibles sur le site www.nathan.fr/atelier-lecture).

En reportant ses scores dans la grille de suivi, il peut visualiser son parcours d'apprentissage, ses réussites et ses faiblesses.

2 CONSEILS D'UTILISATION

• La mise en œuvre des activités de lecture

Les exercices gagneront à être conduits en temps mesuré. Selon la difficulté des consignes, un exemple est proposé. L'enseignant jugera, selon les besoins de ses élèves, s'il doit faire réaliser une partie de l'exercice de manière collective afin qu'ils s'approprient le fonctionnement de celui-ci.

L'utilisation de ce cahier ne se conçoit pas, selon nous, en dehors d'une pédagogie de la lecture qui fait alterner, dans de justes proportions, les activités d'entraînement et les autres activités de lecture (fréquentation du coin lecture ou des bibliothèques, pratique de la lecture suivie...).

• La correction : temps d'élucidation des stratégies de lecture

Si les exercices proposés privilégient naturellement la lecture silencieuse, il nous paraît souhaitable que leur correction puisse donner lieu à l'oralisation de tout ou partie du matériau traité. Cette partie essentielle de l'activité sera l'occasion de définir les stratégies de travail les mieux adaptées et les comportements ou « gestes mentaux » les plus efficaces.

Nous espérons que ce cahier répondra aux besoins et aux attentes des enseignants. Son ambition est d'enrichir, en la diversifiant, la palette d'activités que tout enseignant se doit de mettre en place pour que chacun de ses élèves devienne le *vrai lecteur* qu'on attend de lui, condition *sine qua non* d'une scolarité réussie.

Les auteurs

SOMMAIRE

Bien lire les histoires

Objectif 1 : Je repère les informations principales d'une histoire.

Objectif 2 : Je comprends le sens d'une histoire.

Bien lire les documents

Objectif 1 : Je repère des informations dans un document.

Objectif 2 : Je comprends et j'utilise les informations d'un document.

Objectifs 1 et 2

MODE D'EMPLOI

Dans ton cahier de lecture, tu vas lire, mais tu vas aussi...

cocher des cases	☒
entourer des mots	bras - jambe - (dent) - pied.
barrer des mots	~~la récréation~~
souligner des mots	la trousse
relier des mots ou des phrases	rapidement • • caillou pierre • • vite
compléter des listes ou des phrases	Dans la ..cour.,

Si tu veux devenir un bon lecteur :

1 Avant l'exercice

Lis attentivement la consigne afin de comprendre ce que tu dois faire.

2 Pendant l'exercice

Réponds aux questions dans ta tête d'abord, puis écris ta réponse sur ton cahier.

3 Après l'exercice

Regarde la correction et compte le nombre de bonnes réponses que tu as obtenues.
Colorie ou entoure le visage qui correspond à ton score.

Par exemple, si tu as obtenu 3 bonnes réponses : tu colories ou tu entoures le visage correspondant.

Reporte ensuite ce résultat dans la grille de suivi en coloriant le visage correspondant à ton score avec la couleur qui convient :

rouge orange vert

Bien lire les mots

Objectif 1 — *J'identifie des mots.*

Objectif 2 — *J'enrichis mon vocabulaire.*

Entoure l'enfant qui parle de son animal.

1 Des mots au microscope

Qu'est-ce qu'un microscope ?

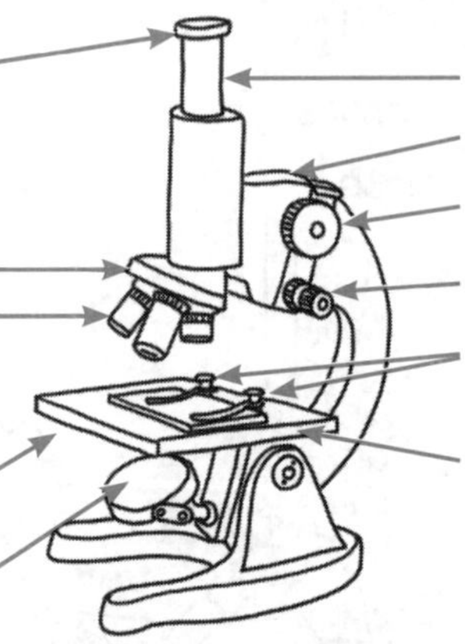

Description

Un microscope est un instrument d'optique qui permet d'observer des objets trop petits pour pouvoir être vus en détail à l'œil nu (on parle d'objets *microscopiques*). Les objets observés sont placés dans une goutte d'eau entre une **lame** et une **lamelle** (c'est ce qu'on appelle la *préparation*).

Utilisation

- Placer la **potence** vers soi et ouvrir le **diaphragme** pour laisser passer la lumière.
- Placer le petit **objectif** dans l'axe du **tube optique** en tournant la **tourelle** jusqu'à ce qu'il s'enclenche.
- Allumer la lumière ou orienter le **miroir**. En regardant par l'**oculaire**, vérifier que le rond lumineux est clair mais pas éblouissant. Il ne doit pas y avoir de zone d'ombre.
- Placer la préparation sur la **platine**. Positionner la **lame** de telle sorte que la **lamelle** soit au-dessus du trou et fixer la lame par les **valets**.
- Abaisser le **tube optique** grâce à la vis **macrométrique**.
- Regarder par l'**oculaire** et faire la mise au point jusqu'à ce que l'image soit nette. L'objet observé doit être au centre de la tache lumineuse.
- Attention, ne faire la mise au point qu'avec la vis **micrométrique** !

Conseils utiles

Un microscope est un instrument fragile.

Pour le déplacer, il est recommandé de le soulever par sa potence et non par la platine ou l'objectif, ce qui pourrait l'endommager.

Utiliser un chiffon doux pour essuyer l'oculaire, l'objectif et les éventuels débordements de la préparation sur la platine.

Objectif 1 : J'identifie des mots.

☆ **Coche les groupes de mots qui sont extraits du document (paragraphe « Utilisation »).**

- ☐ Postillonner la lame…
- ☐ … fixer la lame par les valets.
- ☐ … orienter le miroir.
- ☐ … en détournant la tourelle…
- ☐ Placer la potence…
- ☐ En regardant par l'auriculaire…
- ☐ … jusqu'à ce que l'image soit nette.
- ☐ … clair mais pas ébouriffant.

Entoure le nombre de bonnes réponses. 0 à 1 — 2 à 3 — 4

☆☆ **Barre dans chaque extrait les deux mots qui ne sont pas dans le document, comme dans l'exemple.**

- … et fixer la ~~larme~~ par les ~~volets~~.
- … ne faire la vise au point qu'avec la vis macrométrique.
- … des objets trop petits pour pourvoir être vus en bétail…
- Placer la potence vers soi et couvrir le diaphane pour laisser passer la lumière.
- … il est recommandé de le soulever par sa poterne et non par la plasticine…
- … essuyer l'oculaire, l'adjectif et les éventuels débourrements de la préparation…
- Un microscope est un instrument d'oblique qui permet d'obséder des objets…

Entoure le nombre de bonnes réponses. 0 à 4 — 5 à 8 — 9 à 12

☆☆ **Coche le paragraphe dans lequel se trouve chaque mot.**
Attention, il peut y avoir plusieurs réponses !

	Description	Utilisation	Conseils utiles
lame			
microscopiques			
lumière			
préparation			
instrument			
objectif			

Entoure le nombre de bonnes réponses. 0 à 4 — 5 à 7 — 8 à 11

☆☆☆ **Recopie les mots du schéma qui sont également dans le paragraphe « Conseils utiles ».**

……………………………………………………………………………………………………

Entoure le nombre de bonnes réponses. 0 à 1 — 2 à 3 — 4

Reporte tes résultats dans la grille de suivi.

Objectif 1 : J'identifie des mots.

2 Les mots collés

☆ **Entoure les mots en bleu dans chaque phrase, comme dans l'exemple. Attention, tous les mots sont collés !**

- dans – avant : LéoetLéaentrentencourantdanslagare,deuxminutesavantledépartdutrain.
- puis – vers : Ilscompostentrapidementleurbilletpuissedirigentverslequai.
- sont – places : Uncontrôleurleurindiquegentimentoùsontlesplacesqu'ilsontréservées.
- hélas – contre – autre : Léosedépêchemaishélasilsecognecontreunautrevoyageurettombe.
- aussitôt – retarde – train : Ilsrelèveaussitôtmaissachutelesretardeetilsvoientletrains'éloigner.

Entoure le nombre de bonnes réponses. 0 à 3 4 à 6 7 à 10

☆☆ **Coche la ligne de mots collés qui correspond exactement à la liste en bleu. Entoure les mots mal écrits dans les deux autres listes.**

pourquoi – combien – comment – quoi – où – quand – qui – quelle – laquelle

- ☐ pourquicombiencommentquoioùquandquiquelquelaquelle
- ☐ pourquoicombinecommentquoiqueoùquandquiquellelaquelle
- ☐ pourquoicombiencommentquoioùquandquiquellelaquelle

soudain – ensuite – alors – aussitôt – immédiatement – maintenant – puis – d'abord – après

- ☐ soudaineensuitealorsaussitôtimmédiatementmaintenupuisd'abordaprès
- ☐ soudainensuitealorsaussitôtimmédiatementmaintenantpuisd'abordaprès
- ☐ soudainenfuitealorsaussitôtimmédiatementmaintenantpuisd'accordaprès

malgré – ainsi – pourtant – donc – cependant – toutefois – heureusement – mais – car

- ☐ malgréainsiportantdonccependanttoutefoispeureusementmaiscar
- ☐ malgréainsipourtantdontcependantautrefoisheureusementmaiscar
- ☐ malgréainsipourtantdonccependanttoutefoisheureusementmaiscar

Entoure le nombre de bonnes réponses. 0 à 5 6 à 10 11 à 15

☆☆☆ **Sépare les mots par un trait puis barre l'intrus, comme dans l'exemple.**

Le/rhinocéros/blanc/d'Afrique/est/le/~~bien~~/plus/grand/mammifère/terrestre/après/l'éléphant.

❶ Ilaunemauvaisevue,carparcontresonodoratesttrèsdéveloppé.
❷ Lesdeuxcornespointuesqu'ilportesurlenezsontpourtantredoutables.
❸ Sespattesluipermettentdecourirviteetsansdechangerdedirection.
❹ Grâceàsesoreillespivotantes,ildétectelesmoindresbruitsquisuspects.

Reporte tes résultats dans la grille de suivi.

Entoure le nombre de bonnes réponses. 0 à 1 2 à 3 4

3 De plus en plus fort !

☆ **Entoure le mot qui a le même sens que le groupe de mots en bleu, comme dans l'exemple.**

- très beau : joli – agréable – superbe
- très froid : frais – tiède – glacial
- très bon : excellent – sucré – bien
- très brillant : blanc – clair – scintillant
- très grand : long – immense – haut
- très gros : gras – fort – énorme
- très long : longtemps – interminable – fin
- très grave : gênant – catastrophique – fou

Entoure le nombre de bonnes réponses. 0 à 2 | 3 à 5 | 6 à 7

☆☆ **Coche le groupe de mots qui peut remplacer le mot en bleu. Aide-toi du sens de la phrase.**

- Samy raconte toujours des histoires désopilantes qui font mourir de rire ses camarades !

☒ très drôles ☐ très tristes ☐ peu amusantes

- Jo récite sa poésie d'une voix inaudible. « Sois moins timide ! » conseille la maîtresse.

☐ trop forte ☒ trop basse ☐ trop gentille

- Le maître a félicité Camila pour ses progrès fulgurants en sport.

☐ très lents ☐ très décevants ☒ très rapides

- Le père de Karim a eu une matinée harassante : il a rangé une grosse pile de bois, déplacé une énorme armoire et transporté des cartons de vieux livres au grenier.

☐ très longue ☒ très tranquille ☐ très fatigante

Entoure le nombre de bonnes réponses. 0 à 1 | 2 à 3 | 4

☆☆☆ **Complète chaque série avec les deux mots de la liste qui conviennent.**

sautiller – s'égosiller – ébrécher – se gaver – chuchoter – frôler – pulvériser – bondir – grignoter – empoigner

du **moins fort** ⟶ au **plus fort**

- .... sauter ....
- .... toucher ....
- .... manger ....
- .... parler ....
- .... casser ....

Entoure le nombre de bonnes réponses. 0 à 1 | 2 à 3 | 4 à 5

Reporte tes résultats dans la grille de suivi.

4 La bonne définition

☆ **Relie chaque groupe de mots à la définition du mot en bleu qui convient.**

◆ une azalée bien fleurie •	• grand vase en terre cuite
◆ une jarre remplie d'eau •	• fauteuil large et profond
◆ un kaki trop mûr •	• arbuste à fleurs roses ou blanches
◆ un sofa confortable •	• chaussure élégante
◆ un escarpin à talon •	• petite table ronde, avec un pied central
◆ un guéridon en marbre •	• fruit d'Asie, de couleur orange

Entoure le nombre de bonnes réponses. 0 à 2 3 à 4 5 à 6

☆☆ **Écris le numéro de la définition qui convient pour chaque mot en bleu. Aide-toi du sens de la phrase.**

Définitions	
n° 1	qui ose faire des choses dangereuses.
n° 2	qui parle beaucoup.
n° 3	qui est mince et d'apparence fragile.
n° 4	qui est triste et de mauvaise humeur.

- Théo a peu d'amis à cause de son caractère maussade. n°…
- Naël est très fluet et pourtant il a une force incroyable ! n°…
- Anaïs fait un stage d'acrobatie, ce qui n'est pas étonnant car elle est plutôt intrépide. n°…
- Kim est loquace quand on la questionne sur sa passion pour les oiseaux. n°…

Entoure le nombre de bonnes réponses. 0 à 1 2 à 3 4

☆☆ **Complète chaque phrase avec le mot en bleu qui convient. Aide-toi des définitions et du sens de la phrase.**

- Paul n'a pas pu s'empêcher de .... le secret que Lily lui avait confié.

  divaguer : dire des choses qui n'ont pas de sens.

  divulguer : dire quelque chose que l'on est seul à savoir.

- Corto est bien .... à ne plus jamais prêter ses affaires à Mona !

  détérioré : qui a été abîmé.

  déterminé : qui a pris une décision et ne changera pas d'avis.

Objectif 2 : J'enrichis mon vocabulaire.

- Amina remercia chacun de ses amis d'une voix .... par l'émotion.

  altérée : qui est modifiée, changée.
  alternée : qui s'effectue tour à tour.

- Martin jeta un regard .... à Salim pour bien lui faire comprendre qu'il était très fâché.

  furtif : qui est rapide et discret.
  furibond : qui exprime la colère.

- Hugo est très .... : il ne perd jamais une occasion de parler de lui-même avec fierté.

  vaniteux : qui aime se vanter.
  valeureux : qui fait preuve d'un grand courage.

Entoure le nombre de bonnes réponses. 0 à 1 2 à 3 4 à 5

☆☆☆ **Complète le document avec les verbes du lexique qui conviennent. Aide-toi de leurs définitions. Attention à l'intrus !**

Secrets d'animaux

S'il a peur, le lézard à collerette se dresse sur ses pattes et se met à .... sa collerette pour impressionner son adversaire.

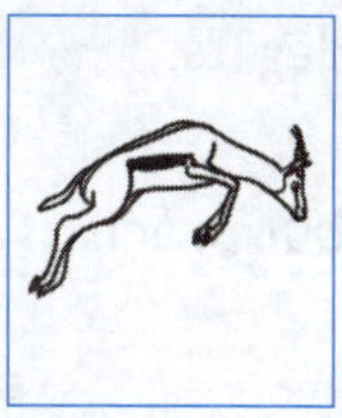

Pour .... les attaques de ses ennemis, la gazelle fait de grands bonds.

La coccinelle possède un excellent moyen de défense. Elle se met à .... un liquide qui sent mauvais pour faire fuir ses ennemis !

Le hibou est incapable de .... les couleurs car il voit tout en noir et blanc.

Lexique

Déployer : ouvrir en grand.
Détecter : découvrir la présence.
Discerner : arriver à voir.
Esquiver : éviter quelque chose en faisant un mouvement.
Sécréter : produire des substances liquides.

Entoure le nombre de bonnes réponses. 0 à 1 2 à 3 4

Reporte tes résultats dans la grille de suivi.

5 Le même sens

☆ **Barre l'intrus dans chaque liste de synonymes.**

- délicieux – savoureux – excellent – dégoûtant – exquis
- peur – frayeur – épouvante – terreur – impolitesse – crainte
- commencer – achever – finir – terminer – arrêter – cesser
- briller – scintiller – étinceler – obscurcir – luire – flamboyer
- abominable – horrible – affreux – monstrueux – absurde

Entoure le nombre de bonnes réponses. 0 à 1 – 2 à 3 – 4 à 5

☆☆ **Complète chaque liste de synonymes avec les mots en bleu qui conviennent. Aide-toi des définitions. Attention aux intrus !**

- se sauver – filer – .... – ....
- casser – abîmer – .... – ....
- grogner – marmonner – .... – ....

bougonner : parler indistinctement pour montrer sa mauvaise humeur.
endommager : causer des dégâts.
détaler : s'enfuir très vite.
déambuler : marcher sans but précis.
vociférer : parler en criant, avec colère.
déguerpir : partir à toute vitesse.
détériorer : mettre en mauvais état.
grommeler : s'exprimer sans articuler en signe de mécontentement.

Entoure le nombre de bonnes réponses. 0 à 2 – 3 à 4 – 5 à 6

☆☆☆ **Recopie les mots en bleu deux par deux pour former des couples de synonymes. Aide-toi des définitions. Attention aux intrus !**

irascible : qui se fâche pour un rien.
éreinté : qui est très fatigué.
jovial : qui est d'une grande gaieté.
exaspéré : qui est très agacé.
judicieux : qui est intelligent, malin.
enjoué : qui est très joyeux.
irritable : qui s'énerve facilement.
hautain : qui est fier et méprisant.
harassé : qui n'a plus aucune force.
courroucé : qui est très en colère.

- .... – ....
- .... – ....
- .... – ....
- .... – ....

Entoure le nombre de bonnes réponses. 0 à 1 – 2 à 3 – 4

Reporte tes résultats dans la grille de suivi.

Objectif 2 : J'enrichis mon vocabulaire.

6 Au contraire !

☆ **Relie chaque mot en bleu à son contraire.**

un pelage brillant •	• terne	de l'eau douce •	• rugueuse
un élève brillant •	• mat	une peau douce •	• violente
un vernis brillant •	• médiocre	une lumière douce •	• salée
un blessé léger •	• gros	une chambre claire •	• trouble
un sommeil léger •	• grave	une explication claire •	• sombre
un léger défaut •	• profond	une eau claire •	• compliquée

Entoure le nombre de bonnes réponses. 0 à 4 — 5 à 8 — 9 à 12

☆☆ **Complète avec le contraire du mot en bleu qui convient. Attention à l'intrus !**

rassises – fanées – fatiguées – en conserve – chaudes – anciennes

- Des fleurs fraîches. *Contraire* : ....
- Des nouvelles fraîches. *Contraire* : ....
- Des mines fraîches. *Contraire* : ....
- Des sardines fraîches. *Contraire* : ....
- Des boissons fraîches. *Contraire* : ....

Entoure le nombre de bonnes réponses. 0 à 1 — 2 à 3 — 4 à 5

☆☆☆ **Écris le synonyme et le contraire du mot en bleu. Aide-toi du sens de la phrase et de la liste de mots. Attention aux intrus !**

doux – maladroit – lent – habile – fragile – affreux – solide – rapide – agressif

- Le bec d'une mésange est fin mais assez robuste pour casser des graines.
  Synonyme : .... *Contraire* : ....
- Le phoque, très à l'aise pour se déplacer dans l'eau, est par contre très pataud sur le sol.
  Synonyme : .... *Contraire* : ....
- Le mandrill, généralement calme, peut parfois devenir hargneux et s'attaquer à l'homme.
  Synonyme : .... *Contraire* : ....

- Le renard véloce tient son nom de l'incroyable vitesse à laquelle il se déplace.
  Synonyme : .... *Contraire* : ....

Entoure le nombre de bonnes réponses. 0 à 1 — 2 à 3 — 4

Reporte tes résultats dans la grille de suivi.

7 À chacun sa famille

☆ **Relie le début et la fin de chaque définition, comme dans l'exemple.**

immanquable : que l'on ne peut pas… •	• palper
immettable : que l'on ne peut pas… •	• imaginer
impalpable : que l'on ne peut pas… •	• manquer
imprévisible : que l'on ne peut pas… •	• mettre
inimaginable : que l'on a du mal à… •	• perturber
imperceptible : que l'on a du mal à… •	• prévoir
imperturbable : que rien ne peut… •	• percevoir

Entoure le nombre de bonnes réponses. 0 à 2 — 3 à 4 — 5 à 6

☆☆ **Complète chaque définition avec le mot de la liste qui convient en t'aidant du synonyme. Attention aux intrus dans la liste !**

décision – coût – modestie – déception – explication – agacement – satisfaction – colère – respect – expérience – modernité

- **humble** : qui a de la .... *Synonyme* : modeste
- **excédé** : qui ressent de l' .... *Synonyme* : agacé
- **ravi** : qui ressent de la .... *Synonyme* : satisfait
- **impertinent** : qui manque de .... *Synonyme* : irrespectueux
- **compétent** : qui a de l'.......................... . *Synonyme* : expérimenté
- **désappointé** : qui éprouve de la .... *Synonyme* : déçu

Entoure le nombre de bonnes réponses. 0 à 2 — 3 à 4 — 5 à 6

☆☆☆ **Coche la définition qui convient en t'aidant de l'indication en bleu.**

- **éploré** (famille de *pleur*) :
  - ☐ qui est regretté.
  - ☐ qui est apeuré.
  - ☐ qui a du chagrin.
- **ignare** (famille de *ignorer*) :
  - ☐ qui ne sait rien.
  - ☐ qui est laid.
  - ☐ qui est méchant.
- **morcelé** (famille de *morceau*) :
  - ☐ qui est légèrement mordu.
  - ☐ qui est divisé en plusieurs parties.
  - ☐ qui est presque mort.
- **nauséabond** (famille de *nausée*) :
  - ☐ qui donne envie de manger.
  - ☐ qui donne envie de vomir.
  - ☐ qui donne envie de rire.

Entoure le nombre de bonnes réponses. 0 à 1 — 2 à 3 — 4

Reporte tes résultats dans la grille de suivi.

8 Dans quel sens ?

☆ **Coche la case qui convient.**

◆ Un bon numéro de cirque, c'est …	☐	☐
◆ Un bon mal de tête, c'est …	☐	☐
◆ Un bon coup de main, c'est …	☐	☐
◆ Un bon coup de pied, c'est …	☐	☐
◆ Une belle punition, c'est …	☐	☐
◆ Une belle récompense, c'est …	☐	☐
◆ Un beau paresseux, c'est …	☐	☐
◆ Un beau bazar, c'est …	☐	☐

Entoure le nombre de bonnes réponses. 0 à 2 · 3 à 5 · 6 à 8

☆☆ **Entoure le groupe de mots qui convient pour compléter chaque phrase.**

- Comme Brice est un beau garçon / un beau menteur, personne ne lui fait confiance !
- Assia est revenue du ski avec une jolie médaille / une jolie fracture ! Elle n'aurait pas dû skier sur cette piste trop difficile pour elle !
- Le père de Léo est un parfait imbécile / un voisin parfait : il rend service à tout le monde dans son quartier !
- Lucas a fait une belle poésie / une belle bêtise et la maîtresse l'a félicité devant toute la classe.

Entoure le nombre de bonnes réponses. 0 à 1 · 2 à 3 · 4

☆☆ **Coche le mot en bleu qui a le même sens que le mot souligné dans chaque expression.**

◆ une <u>brillante</u> idée	☐ intelligente	☐ étincelante
◆ une <u>vilaine</u> toux	☐ inquiétante	☐ méchante
◆ une <u>drôle</u> d'idée	☐ amusante	☐ surprenante
◆ un <u>fort</u> accent	☐ prononcé	☐ pimenté
◆ un <u>solide</u> appétit	☐ résistant	☐ gros
◆ un vocabulaire <u>pauvre</u>	☐ ruiné	☐ insuffisant

Entoure le nombre de bonnes réponses. 0 à 2 · 3 à 4 · 5 à 6

Objectif 2 : J'enrichis mon vocabulaire.

☆☆ Coche la phrase dans laquelle le mot souligné a le même sens que le mot en bleu.

ouvrir
- ☐ Cette bonne odeur m'aiguise l'appétit !
- ☐ Aiguise ce couteau, il ne coupe plus.

casser
- ☐ La disparition de son chat lui a brisé le cœur.
- ☐ Il a brisé une vitre avec son ballon.

détour
- ☐ Fais un crochet par la boulangerie !
- ☐ Suspends le balai au crochet !

centre
- ☐ Cette poésie est à apprendre par cœur !
- ☐ Le nouveau musée a été construit au cœur de la ville.

lire
- ☐ Elle dévore tout ce qu'elle trouve sur les chevaux !
- ☐ Elle dévore tout ce qui est sucré !

Entoure le nombre de bonnes réponses. 0 à 1 — 2 à 3 — 4 à 5

☆☆☆ Lis chaque groupe de phrases puis coche la réponse à la question.

1. Ce livre apporte un bon éclairage sur les mystères de la disparition des dinosaures.
2. Avec un meilleur éclairage pour lire, Fadel fatigue bien moins sa vue.

Dans quelle phrase a-t-on utilisé une lampe ? ☐ n° 1 ☐ n° 2 ☐ aucune

3. La longue marche jusqu'au sommet de la colline boisée lui avait scié les jambes !
4. Alors qu'il voulait scier le pied, le fauteuil avait glissé et il s'était gravement entaillé la main.

Dans quelle phrase a-t-on utilisé une scie ? ☐ n° 3 ☐ n° 4 ☐ aucune

5. Les randonneurs balayèrent du regard la vallée qui s'étendait à leurs pieds et s'engagèrent sur le sentier poussiéreux.
6. Balayant les idées noires qui surgissaient dans sa tête, Maria décida de sortir pour penser à autre chose.

Dans quelle phrase a-t-on utilisé un balai ? ☐ n° 5 ☐ n° 6 ☐ aucune

7. Les liens qui attachaient Paul à son ami étaient si forts que leur séparation ne changea rien à leur profonde amitié.
8. Sofian était attaché à Paul et l'obscurité totale dans laquelle les ravisseurs les avaient laissés n'arrangeait rien !

Dans quelle phrase a-t-on utilisé une corde ? ☐ n° 7 ☐ n° 8 ☐ aucune

Entoure le nombre de bonnes réponses. 0 à 1 — 2 à 3 — 4

Reporte tes résultats dans la grille de suivi.

9 Le sens caché

☆ Coche l'explication qui convient pour chaque expression.

◆ **Avoir un chat dans la gorge**

☐ être enroué ☐ avoir avalé un chat ☐ miauler

◆ **Avoir un cheveu sur la langue**

☐ avoir la langue poilue ☐ dire des gros mots ☐ zozoter

◆ **Se creuser la tête**

☐ avoir mal à la tête ☐ avoir un trou dans la tête ☐ réfléchir

◆ **Être à bout de forces**

☐ être très fort ☐ être très fatigué ☐ être très énervé

◆ **Prendre ses jambes à son cou**

☐ être très souple ☐ se sauver en courant ☐ sortir

◆ **Se donner un mal de chien**

☐ attraper la maladie de son chien ☐ faire des efforts ☐ se faire mordre

Entoure le nombre de bonnes réponses. 0 à 2 / 3 à 4 / 5 à 6

☆☆ Coche le dessin dont la bulle peut être complétée par la phrase en bleu.

◆ Tu tombes bien !

☐ 

☒ 

◆ Il tombe des cordes !

☐ 

☒ 

◆ Je nage dans mes vêtements !

☐ 

☒ 

◆ La note est salée !

☒ 

☐ 

Entoure le nombre de bonnes réponses. 0 à 1 / 2 à 3 / 4

Objectif 2 : J'enrichis mon vocabulaire.

☆☆ **Coche la phrase dans laquelle le groupe de mots souligné correspond à la définition en bleu.**

◆ *à la tombée de la nuit*

☐ *Dromadaire* se trouve <u>entre *chien* et *loup*</u>, dans l'ordre alphabétique.

☐ Les points communs <u>entre chien et loup</u> sont nombreux car ils appartiennent tous les deux à la famille des canidés.

☐ Il aurait dû rentrer plus tôt : se retrouver seul, <u>entre chien et loup</u>, dans les rues désertes ne le rassurait guère.

◆ *ne pas venir à un rendez-vous*

☐ Elle <u>posa un lapin</u> entre la cloche et l'œuf en chocolat, sur l'étagère de la vitrine.

☐ Elle attendit ses amis devant le cinéma, comme prévu, mais au bout d'une heure d'attente, elle constata qu'ils lui avaient <u>posé un lapin</u> !

☐ Il <u>posa un lapin</u> au milieu des enfants et tous voulurent immédiatement le caresser !

◆ *se mettre en colère*

☐ Ils <u>montèrent sur leurs grands chevaux</u> et filèrent au galop en direction du château assiégé.

☐ <u>Monter sur ses grands chevaux</u> leur faisait bien envie, mais le manège tournait vite et ils craignaient d'avoir le vertige.

☐ Oserait-il demander l'autorisation de sortir à son père, lui qui <u>montait sur ses grands chevaux</u> à la moindre occasion ?

Entoure le nombre de bonnes réponses. 0 | 1 à 2 | 3

☆☆☆ **Complète chaque expression en bleu avec le mot de la liste qui convient, en t'aidant des définitions. Le même mot peut être utilisé plusieurs fois. Attention à l'intrus !**

la bouche – les doigts – l'oreille – la tête – les bras – la main – sa langue

◆ Avoir perdu .... : ne pas répondre quand on est interrogé.

◆ Tendre .... à quelqu'un : offrir son aide.

◆ Avoir l'eau à .... : être mis en appétit, désirer.

◆ Avoir quelque chose sous .... : avoir un objet à sa disposition.

◆ Dresser .... : écouter attentivement.

◆ Remettre .... sur quelque chose : retrouver quelque chose qu'on avait égaré.

◆ S'en mordre .... : regretter d'avoir fait quelque chose.

◆ Baisser .... : se décourager.

Entoure le nombre de bonnes réponses. 0 à 2 | 3 à 5 | 6 à 8

Reporte tes résultats dans la grille de suivi.

Bien lire les phrases

Objectif 1 *Je comprends les phrases (niveau 1).*

Objectif 2 *Je comprends les phrases (niveau 2).*

Hé ! Vous m'attendez ? n°…

Cours plus vite ! n°…

Sûrement pas ! n°…

Tu me laisses doubler ? n°…

Bon, moi j'abandonne ! n°…

Écris le numéro du coureur auquel correspond chaque bulle.
Attention, il y a une bulle de trop !

10 Qui a dit ?

★ Entoure le mot en bleu qui convient pour compléter la dernière phrase de chaque paragraphe.

- Oscar a déjà essayé huit paires de baskets. Il demande son avis au vendeur car il ne sait pas lesquelles choisir. Le vendeur s'impatiente.
  – *Je ne sais pas quoi vous dire, elles sont toutes très belles et je me sens bien dans chacune d'elles,* dit Oscar / le vendeur.
- Antonin a perdu le CD qu'il avait emprunté à Rafaël.
  – *Je suis désolé mais tu vas devoir trouver une solution : le remplacer ou le rembourser !* dit Antonin / Rafaël.
- Célia n'arrive pas à faire l'exercice de grammaire que la maîtresse a donné. Mélissa se moque un peu d'elle en disant qu'il n'est pourtant pas très compliqué.
  – *C'est facile à dire, mais on verra bien après la correction !* dit Célia / Mélissa.
- Kubra se plaint d'avoir du mal à lire ce qui est écrit au tableau, en classe. Son père l'emmène en consultation chez le médecin.
  – *Je ne vois rien, tout est normal,* dit Kubra / son père / le médecin.

Entoure le nombre de bonnes réponses. 0 à 1 — 2 à 3 — 4

★ Lis l'information en bleu puis complète chaque phrase avec le mot de la liste qui convient. Attention, il y a un intrus dans chaque liste !

- *Des nuages noirs s'accumulent dans le ciel. Après plusieurs jours de sécheresse, l'orage va bientôt éclater et de grosses gouttes de pluie commencent déjà à tomber.*

un élève *l'agriculteur* *le peintre* *le maître*

– De la pluie, enfin ! Il était temps, l'herbe est toute jaune dans mes prés ! dit ....
– Oh ! de la pluie ! Quel dommage, juste le jour de notre course d'orientation avec nos copains du CM1 ! s'exclame ....
– À vos pinceaux, vite ! C'est un temps idéal pour illustrer le poème *Jour d'orage* que je vous ai demandé d'apprendre ! s'exclame ....

- *La maîtresse sermonne une élève de CM2 qui a bousculé une petite du CP dans la cour. Elle lui conseille de faire attention la prochaine fois. Puis elle la renvoie jouer.*

l'élève de CM2 *un piéton* *la maîtresse* *l'élève de CP*

– Juste un sermon ? Pas de punition ? regrette ...., déçue.

Objectif 1 : Je comprends les phrases (niveau 1).

– Un bon sermon vaut parfois mieux qu'une punition pour comprendre ses erreurs, explique ....

– Juste un sermon ? Pas de punition ? se dit ...., soulagée.

◆ *Un concert de rock devait avoir lieu à 22 h, sur la place du marché, à Potinville. Il est annulé car le chanteur du groupe a une extinction de voix.*

le guitariste *le chanteur* *une habitante de la place du marché* *un fan*

– Très bonne nouvelle, car je n'ai pas fermé l'œil de la nuit la dernière fois qu'il y a eu un concert de ce groupe ! se réjouit ....

– Oh ! non ! pour une fois que mon groupe préféré venait à Potinville ! se désole .... du groupe.

– Je lui avais pourtant bien dit de ne pas trop forcer sur sa voix, pendant les répétitions ! s'énerve .... du groupe.

Entoure le nombre de bonnes réponses. 0 à 3 4 à 6 7 à 9

☆☆ Lis la phrase en bleu puis coche la suite qui convient.

◆ *« Toi, tu couves quelque chose ! » dit…*

☐ un gendarme à un voleur.
☐ la mère de Tsvétanka en lui posant la main sur le front.
☐ le fermier à une poule.

◆ *« Me voilà dans de beaux draps ! » s'exclame…*

☐ un fantôme dans sa nouvelle tenue.
☐ un enfant dans son lit.
☐ un naufragé sur une île déserte.

◆ *« Je n'y ai vu que du feu ! » explique…*

☐ un pompier au pied de la grande échelle.
☐ le père de Salim après s'être fait voler son portefeuille dans sa poche.
☐ un passant qui a assisté à l'incendie d'un immeuble.

◆ *« Je me suis fait passer un sacré savon ! » s'écrie…*

☐ Gwladys en sortant de la salle de bain.
☐ Antoine, un gant de toilette à la main.
☐ Margot en sortant du bureau du directeur.

◆ *« Vous poussez le bouchon un peu loin ! » crie…*

☐ un automobiliste coincé dans un embouteillage.
☐ un client au serveur qui lui ouvre sa bouteille de vin.
☐ la mère en colère face à ses enfants bruyants.

Entoure le nombre de bonnes réponses. 0 à 1 2 à 3 4 à 5

Reporte tes résultats dans la grille de suivi.

BIEN LIRE LES PHRASES

11 À suivre…

★ **Relie chaque début de phrase à la fin qui convient.**

◆ La musaraigne a une mauvaise vue, •	• sa vitesse peut atteindre 100 km/heure.
◆ L'antilope est très rapide, •	• elle se repère donc grâce à son odorat.
◆ La loutre est solitaire, •	• elle n'aime pas partager son territoire.
◆ La puce des neiges n'est pas frileuse, •	• elle s'enfuit au moindre bruit.
◆ La gerboise est très craintive, •	• elle survit à des températures de -16°C !

Entoure le nombre de bonnes réponses. 0 à 1 · 2 à 3 · 4 à 5

★★ **Écris le début qui convient pour chaque phrase. Attention à l'intrus !**

En 1885, il — *Grâce à ses recherches* — *Il découvre en 1865*
On peut attraper — *Grâce au vaccin de Pasteur* — *C'est le savant français Louis Pasteur*

◆ .... qui a découvert les microbes et mis au point le vaccin contre la rage.

◆ .... un procédé qui permet de conserver les aliments plus longtemps : la pasteurisation.

◆ .... Louis Pasteur démontre que l'air est plein de microbes.

◆ .... fabrique le vaccin contre la rage.

◆ .... cette maladie grave a presque totalement disparu.

Entoure le nombre de bonnes réponses. 0 à 1 · 2 à 3 · 4 à 5

★★ **Reconstitue les deux phrases en utilisant les quatre étiquettes qui conviennent. N'oublie pas d'ajouter les majuscules et les points.**

- ses longues griffes lui permettent de bien s'agripper
- le manchot tourne le dos au soleil pour se réchauffer
- ses ailes ne lui permettent pas de voler
- son plumage noir capte bien la chaleur
- la chauve-souris peut se suspendre la tête en bas sans tomber

◆ ....

parce que ....

◆ ....

parce que ....

Entoure le nombre de bonnes réponses. 0 · 1 · 2

Reporte tes résultats dans la grille de suivi.

Objectif 2 : Je comprends les phrases (niveau 2).

12 Autrement dit

★★ Coche les couples de phrases qui ont le même sens.

□ { Le musicien Ludwig Van Beethoven est né en 1770 à Bonn en Allemagne.
C'est dans la ville allemande de Bonn qu'est né, en 1770, le musicien Ludwig Van Beethoven.

□ { Son père veut lui apprendre à jouer du piano, c'est pour cette raison qu'il lui fait quitter l'école très jeune.
Très jeune, il décide de quitter l'école pour que son père lui apprenne à jouer du piano.

☒ { À 28 ans, il est déjà considéré par tous comme un très grand musicien. Malheureusement, il devient sourd.
Il est considéré par tous, à 28 ans, comme un très grand musicien et pourtant il devient sourd.

☒ { Beethoven est atteint de surdité mais il continuera à composer de la musique jusqu'à la fin de sa vie.
Malgré sa surdité, Beethoven, jusqu'à ses derniers jours, composera de la musique.

Entoure le nombre de bonnes réponses. 0 1 2

★★★ Dans chaque série, coche la phrase qui donne plus d'informations que le groupe de phrases en bleu. Souligne ces informations supplémentaires.

◆ Victor Hugo naquit en 1802, à Besançon. Il fut l'un des plus grands romanciers français.

☒ L'un des plus grands romanciers français, Victor Hugo, naquit en 1802 à Besançon.

□ Victor Hugo, qui fut l'un des plus grands poètes et romanciers français, naquit à Besançon en février 1802.

◆ Victor Hugo publia son premier grand roman historique en 1831. Il avait pour titre *Notre-Dame de Paris*. Son héroïne fit pleurer des milliers de lecteurs.

□ Le premier grand roman historique de Victor Hugo, *Notre-Dame de Paris*, dont l'héroïne Esmeralda fit pleurer des milliers de lecteurs, fut publié en 1831.

☒ *Notre-Dame de Paris*, publié en 1831, fut le premier grand roman historique de Victor Hugo et son héroïne fit verser des larmes à des milliers de lecteurs.

◆ En 1851, Napoléon III condamna Victor Hugo à l'exil. Il l'obligea à quitter la France pour s'installer sur l'île de Jersey. Victor Hugo vivra ensuite sur l'île de Guernesey. C'est là qu'il écrira *Les Misérables*.

☒ En 1851, Victor Hugo s'installe sur les îles de Jersey puis de Guernesey, après avoir été obligé de quitter la France par Napoléon III, qui l'a condamné à l'exil ; c'est là qu'il rédigera *Les Misérables*.

□ Condamné à l'exil en 1851 par Napoléon III, Victor Hugo quitte la France pour s'installer sur l'île anglaise de Jersey, puis à Guernesey où il rédigera son roman *Les Misérables*.

Entoure le nombre de bonnes réponses. 0 à 2 3 à 5 6 à 8

Reporte tes résultats dans la grille de suivi.

13 Les phrases pirates

★★ Barre les phrases qui ne correspondent pas au titre.

L'alimentation de la cigogne

- Elle avale tous les petits animaux vivants ou morts passant à portée de son bec.
- Elle utilise son bec comme une pince pour attraper les petites proies, ou comme un poignard pour tuer des proies plus grosses.
- Constitué de branchages, de foin, d'herbe ou de terre, son nid est toujours bâti en hauteur.
- Comme la chouette, elle engloutit ses proies en entier.
- Elle peut rester perchée longtemps sur une seule patte, à lisser son plumage avec son bec.
- Il arrive que des rapaces dévorent les petits de la cigogne.
- Contrairement à une idée répandue, les grenouilles ne constituent pas l'essentiel de son alimentation.

Entoure le nombre de bonnes réponses. 0 | 1 à 2 | 3

★★★ Barre les deux phrases intruses dans chaque paragraphe.

- Mélanie et Lolita s'étaient habillées chaudement pour essayer leur nouvelle luge sur la pente enneigée du pré voisin. Avec un collant de laine sous leur pantalon et une bonne paire de bottes, elles auraient bien chaud. Juste avant de partir, elles glissèrent un pull et une serviette dans leur sac pour ne pas avoir froid en sortant de l'eau. Mélanie dut prêter une paire de gants à sa sœur puisqu'elle avait oublié les siens dans le vestiaire de la piscine. Après avoir enfoncé un bonnet sur leur tête, elles se précipitèrent à l'intérieur en poussant des cris de joie.

- Evan était terrorisé à l'idée de traverser le hall d'entrée de l'immeuble. Pour sortir, il allait devoir passer au milieu de la bande de Vick, son pire ennemi. Il redoutait leurs moqueries. Evan sauta la dernière marche plein d'enthousiasme. Mais alors qu'il n'était plus qu'à quelques centimètres du groupe, un énorme bruit retentit dehors. D'un seul élan, la bande sortit précipitamment du hall, libérant du même coup le passage. Quel dommage !

- Célia voulait à tout prix remporter la course au prochain championnat. Le temps avait passé et pourtant, elle ne digérait toujours pas sa dernière défaite. La jeune athlète voulait prendre sa revanche et battre son propre record de vitesse afin de prouver à tous qu'elle était une vraie championne. À force d'efforts, elle finirait bien par améliorer sa technique de combat ! Elle prit la décision de s'entraîner davantage. Ainsi, personne ne pourrait lui reprocher de s'être bien préparée pour la course !

Entoure le nombre de bonnes réponses. 0 à 2 | 3 à 4 | 5 à 6

Reporte tes résultats dans la grille de suivi.

Objectif 2 : Je comprends les phrases (niveau 2).

14 À chacun son titre

☆☆ **Relie chaque information au titre qui convient. Attention, le même titre peut être utilisé plusieurs fois et il y a un titre intrus !**

Mesurant de 6 à 9 cm de long, le muscardin est un petit rongeur au pelage roux doré, dont le poids varie de 15 à 40 grammes.

Très agile et excellent grimpeur, il utilise sa longue queue touffue pour sauter dans les branchages.

Cet insectivore apprécie également les fruits et les graines et consomme, à l'approche de l'hiver, une grande quantité de noisettes.

Il peut, en cas de danger, rester accroché à une branche sans bouger pendant plusieurs dizaines de minutes, comme une feuille morte.

Habitat

Alimentation

Comportement

Description physique

Entoure le nombre de bonnes réponses. 0 à 1 — 2 à 3 — 4

☆☆ **Lis chaque règle du jeu puis écris le titre qui convient. Attention, il y a un titre intrus !**

La course des chenilles — *La course des canards* — *La course au lancer*
La course à trois pattes — *La course à genoux*

◆ ....

Chaque joueur reçoit un petit bâton. Au signal, il le lance devant lui, le plus loin possible. Puis il court jusqu'au bâton, le relance et ainsi de suite jusqu'à l'arrivée. Le gagnant est celui dont le bâton franchit le premier la ligne d'arrivée.

◆ ....

Poings sur les hanches, les candidats avancent au ras du sol, les genoux pliés et les pieds écartés, en se dandinant et en cancanant. Si un joueur tombe, il doit retourner au point de départ.

◆ ....

Les joueurs sont à plat ventre, ils avancent en ramenant leurs genoux sous leur ventre, puis ils glissent leur corps vers l'avant jusqu'à se retrouver de nouveau à plat ventre et ainsi de suite. Le premier à franchir la ligne d'arrivée gagne la course.

◆ ....

Prendre le départ de la course par équipes de deux. Les joueurs de chaque équipe attachent, au niveau de la cheville, la jambe droite de l'un à la jambe gauche de l'autre. Cette course se fait en marchant le plus vite possible. Si l'un des joueurs tombe, l'équipe est éliminée.

Entoure le nombre de bonnes réponses. 0 à 1 — 2 à 3 — 4

Objectif 2 : Je comprends les phrases (niveau 2).

BIEN LIRE LES PHRASES

★★ Coche le titre qui convient.

- Vent de folie sur les prix du 6 au 12 avril dans votre hypermarché *Intercourse* : des prix à vous couper le souffle ! *Intercourse*, Route de Limoges, à Chernon

☐ Avis de tempête à Chernon ☐ Prix en baisse à *Intercourse* ☐ Ça souffle !

- Je suis au regret de vous faire savoir que ma fille, Ozlem, ne pourra pas se rendre à l'école aujourd'hui car elle s'est blessée à la cheville suite à une chute à vélo, mercredi.

☐ Mot d'excuse ☐ Compte-rendu d'accident ☐ Information aux parents

- C'est perché dans un tilleul du Square Jean Bon que Monsieur Ara a fini par retrouver son perroquet, disparu depuis plus d'un mois.

☐ Un perroquet a disparu ☐ Un perroquet retrouvé ☐ Un homme perché dans un tilleul

Entoure le nombre de bonnes réponses. 0 | 1 à 2 | 3

★★★ Complète le document avec le titre qui convient pour chaque paragraphe.

Des rues aux 1 000 dangers *Les cris de Paris* *Livraison à domicile*
Eau sale à boire ! *Boisson rafraîchissante !*

La vie à Paris pendant la Révolution française

....

À chaque carrefour, dans toutes les rues, des vendeurs, leurs marchandises sur le dos ou dans les bras, s'annoncent en criant d'une voix perçante : « Choux, navets » ou « Des pâtés, des pâtés » !

....

« À la fraîche, qui veut boire ? » annonce le marchand de coco : il porte des gobelets à la ceinture et une fontaine sur le dos, pleine de cette délicieuse boisson à la réglisse qu'il vend l'été, dans la rue.

....

L'eau courante n'existe pas encore dans les maisons. Quelle corvée d'aller chercher de l'eau à la fontaine ! Heureusement, 20 000 porteurs d'eau sillonnent Paris et livrent à domicile de quoi faire la soupe ou un brin de toilette.

....

Les Parisiens et les porteurs d'eau viennent remplir leurs seaux et leurs cruches aux 63 fontaines de Paris. Leur eau provient principalement de la Seine qui est très polluée.

....

À part quelques boulevards, les rues de Paris sont sans trottoirs, étroites, sombres, bruyantes, boueuses et puantes ! Attention aux voitures à cheval qui éclaboussent et renversent les passants ! Gare à l'eau sale et aux ordures négligemment jetées par les fenêtres !

D'après Anne Tardy, Claire Merleau-Ponty et Sylvie Girardet, *1789, Sur les pavés de Paris*, © Éditions Nathan.

Entoure le nombre de bonnes réponses. 0 à 1 | 2 à 3 | 4 à 5

Reporte tes résultats dans la grille de suivi.

15 Que s'est-il passé ?

☆☆ Coche la phrase qui résume le mieux la phrase en bleu.

- Une semaine plus tôt, le chat de Milène, qui n'a pas encore trois mois, avait profité de ce que la fenêtre était entrouverte pour s'échapper et il n'était pas réapparu depuis.

☐ Un chat est sorti par la fenêtre entrouverte, alors qu'il n'a pas encore trois mois.
☐ Le petit chat n'était pas réapparu par la fenêtre, restée entrouverte.
☐ Un jeune chat a disparu depuis une semaine après s'être sauvé par la fenêtre.

- Deux fillettes marchaient le long de la falaise lorsqu'elles aperçurent l'entrée d'une grotte creusée dans la roche d'où s'échappaient des bruits étranges qui attisèrent leur curiosité.

☐ Une grotte creusée dans la roche, le long de la falaise, intrigue deux fillettes.
☐ Deux fillettes sont intriguées par des bruits sortant d'une grotte creusée dans la falaise.
☐ Deux fillettes voient une grotte creusée dans la falaise.

- Depuis que les travaux avaient commencé, la maison se transformait à vue d'œil et ces longs mois sans chauffage dans une demeure inconfortable appartenaient désormais au passé.

☐ Autrefois, des travaux de transformation ont été commencés dans la maison.
☐ Grâce aux travaux entrepris, la maison a retrouvé chaleur et confort.
☐ Il y a eu de longs mois de travaux sans chauffage dans cette maison ancienne.

Entoure le nombre de bonnes réponses. 0 1 à 2 3

☆☆☆ Lis l'article « Coup de vent dans les bâches » puis coche le paragraphe en bleu qui raconte la même chose. Barre les phrases fausses dans les deux autres paragraphes.

Coup de vent dans les bâches

Samedi, le conducteur d'un deux-roues a remarqué que le vent, qui soufflait violemment, s'engouffrait dans les bâches recouvrant les échafaudages de l'hôpital, actuellement en travaux. Il a aussitôt donné l'alerte. Afin d'éviter tout accident, les pompiers ont décroché les bâches. Ils ont travaillé à une dizaine de mètres de hauteur, employant la grande échelle. Cette intervention, assez impressionnante, a été suivie par de nombreux curieux.

☐ Le conducteur d'un deux-roues a permis d'éviter un accident, samedi. Voyant les pompiers perchés sur leur grande échelle à une dizaine de mètres de hauteur, il a vite donné l'alerte car le vent violent qui soufflait alors menaçait de s'engouffrer dans les échafaudages de l'hôpital. Une foule de curieux impressionnés a assisté à l'intervention.

☐ Une foule de curieux a assisté samedi à l'intervention impressionnante des pompiers, alors qu'ils décrochaient les bâches recouvrant les échafaudages de l'hôpital, actuellement en travaux. C'est grâce au conducteur d'un deux-roues que l'on a évité tout accident. En effet, voyant qu'un vent violent s'engouffrait dans les bâches, il n'a pas hésité à alerter les pompiers. Le déploiement de la grande échelle a été nécessaire car l'intervention s'est effectuée à une dizaine de mètres de hauteur.

☐ Les pompiers ont dû déployer la grande échelle, samedi, pour raccrocher les bâches qui recouvrent actuellement l'échafaudage de l'hôpital. Perchés à une dizaine de mètres de hauteur, ils sont intervenus devant de nombreux curieux. Le conducteur d'un deux-roues, craignant que le vent violent ne le fasse s'engouffrer dans les bâches, avait donné l'alerte, évitant ainsi tout accident.

Entoure le nombre de bonnes réponses. 0 à 1 — 2 à 3 — 4

Lis l'information en bleu puis coche les articles qui racontent le même événement.

Un chien enragé sème la panique à Caboville où un groupe de trois enfants ayant été aperçu en train de jouer avec l'animal est activement recherché.

Des enfants qui jouaient près du stade de Caboville ont trouvé un chien errant dont le comportement anormal les a intrigués. Dans la soirée, les services vétérinaires ont confirmé que celui-ci était bien atteint de la rage. Par précaution, les deux enfants ont été vaccinés, bien qu'ils aient affirmé ne pas avoir été en contact avec l'animal. Mais l'inquiétude est grande depuis qu'un habitant a signalé avoir aperçu la veille trois autres enfants jouant avec ce chien dans le même secteur.

☐

Lundi dernier, trois enfants de Caboville ont aperçu un chien errant. Après s'être assurés qu'il n'était pas agressif, ils se sont approchés de lui. L'animal portait un collier sur lequel figurait le numéro de téléphone de son propriétaire, ce fut donc un jeu d'enfant de le rechercher. Le maître, soulagé d'avoir récupéré son animal sain et sauf, a tenu à récompenser les enfants.

☐

Suite à la capture d'un chien enragé à Caboville, un habitant s'est souvenu qu'il avait aperçu quelques jours plus tôt des enfants jouant avec un chien errant, non loin de chez lui. Il s'est empressé de prévenir la gendarmerie. La description qu'il a faite du chien correspond à l'animal malade. Depuis, tout a été mis en œuvre pour essayer de retrouver au plus vite les trois enfants, afin de procéder à leur vaccination.

☐

Entoure le nombre de bonnes réponses. 0 — 1 — 2

Reporte tes résultats dans la grille de suivi.

Objectif 2 : Je comprends les phrases (niveau 2).

16 Le bon enchaînement

★★ Complète avec les mots en bleu qui conviennent.

- Il est .... de savoir nager pour participer au stage de plongée. (impossible / invraisemblable / indispensable)
- Il est .... qu'Igor ne participe pas au match, sinon il risque de se faire de nouveau mal à la cheville. (regrettable / agréable / préférable)
- Caitlin suivra désormais un entraînement intensif de gymnastique, ... sept heures par semaine. (à condition de / à raison de / à partir de)
- .... l'horaire est différent de celui de ses cours de théâtre le mercredi, Romane peut continuer d'aller également à son entraînement de foot. (Alors que / Dès que / Tant que)

Entoure le nombre de bonnes réponses. 0 à 1 — 2 à 3 — 4

★★★ Même exercice.

- La méduse est une sacrée gourmande, ... elle consomme plusieurs fois son poids de nourriture par jour ! (à tel point qu' / bien qu' / sinon)
- Le baliste-clown est un poisson solitaire, ... il ne supporte pas qu'on s'aventure sur son territoire. (et pourtant / néanmoins / c'est pourquoi)

- Le rat des moissons est le plus petit rongeur d'Europe. C'est .... le seul à pouvoir s'agripper à des brins d'herbe. (d'ailleurs / pourquoi / cependant)

Entoure le nombre de bonnes réponses. 0 — 1 à 2 — 3

★★★ Complète chaque phrase avec le mot de la liste qui convient en tenant compte de l'information en bleu. Attention aux intrus dans la liste !

sauf — ainsi — pourtant — puisque — y compris — contrairement — plutôt que

- Il y a des tortues vertes dans les eaux chaudes de la Méditerranée.

La tortue verte, que l'on trouve dans toutes les mers chaudes, ... dans la Méditerranée, peut peser jusqu'à 450 kg.

- Tous les mammifères se déplacent en marchant.

Les chauves-souris sont des mammifères et .... elles volent !

- Les orques sont des mammifères marins carnivores.

Les lamantins sont des mammifères marins qui, ... aux orques, sont herbivores.

Entoure le nombre de bonnes réponses. 0 — 1 à 2 — 3

Reporte tes résultats dans la grille de suivi.

17 Avant ? Après ?

★★ Lis la phrase en bleu puis coche la réponse à la question.

◆ Julien a lu le roman que Kim lui avait conseillé.
Que s'est-il passé d'abord ? ☐ Julien a lu le roman. ☐ Kim lui a conseillé le roman.

◆ Johanna alluma la télévision dès qu'elle eut raccroché le téléphone.
Que fait-elle en premier ? ☐ Elle allume la télévision. ☐ Elle téléphone.

◆ Tom est quand même parti en Angleterre, bien qu'il soit tombé malade la veille du départ.
Quand est-il tombé malade ? ☐ Avant son départ. ☐ Après son départ.

◆ Ses devoirs terminés, Greg entreprit de ranger sa chambre.
Quand range-t-il sa chambre ? ☐ Avant de faire ses devoirs. ☐ Après avoir fait ses devoirs.

◆ Quand Flora se réveillera, l'avion de son cousin aura déjà décollé.
Quand l'avion va-t-il décoller ? ☐ Avant le réveil de Flora. ☐ Après le réveil de Flora.

Entoure le nombre de bonnes réponses. 0 à 1 — 2 à 3 — 4 à 5

★★★ Lis la phrase en bleu puis numérote les actions dans l'ordre chronologique.

◆ Son match de basket avait lieu à vingt heures mais Sophie était encore scotchée à sa console de jeux et il lui fallait auparavant prendre une douche.

n°… Sophie joue au basket.
n°… Sophie joue avec sa console de jeux.
n°… Sophie prend une douche.

◆ Gabrielle arriva en retard à son cours de batterie. Elle n'aurait pas dû discuter avec Paul en chemin car, juste avant de partir, elle avait perdu du temps à chercher ses baguettes alors que son bol renversé l'avait déjà bien retardée.

n°… Gabrielle arrive en retard au cours de batterie.
n°… Gabrielle parle avec Paul.
n°… Gabrielle cherche ses baguettes.
n°… Gabrielle renverse son bol.

◆ Rodolphe était entré sans que Louise, qui s'était endormie dans le fauteuil, ne s'en soit aperçue et lorsqu'il s'adressa à elle d'une voix forte, elle se redressa d'un bond après avoir poussé un cri.

n°… Rodolphe entre.
n°… Louise s'endort dans le fauteuil.
n°… Rodolphe parle à Louise.
n°… Louise se redresse d'un bond.
n°… Louise pousse un cri.

Entoure le nombre de bonnes réponses. 0 — 1 à 2 — 3

Reporte tes résultats dans la grille de suivi.

18 De qui ou de quoi parle-t-on ?

★★ Lis chaque paragraphe puis coche la réponse à la question.

◆ *J'ai frotté vigoureusement son bras avec un chiffon humide. Mais rien à faire, la tache ne partait pas. Elle s'était imprégnée dans le bois et il était impossible de la retirer.*

De quoi parle-t-on ?

☐ Du bras d'un enfant. ☐ Du bras d'un fauteuil. ☐ D'un bras de rivière.

◆ *Je l'ai soutenu pour monter l'escalier et je l'ai accompagné jusque dans sa chambre. Puis je l'ai aidé à se recoucher et j'ai remonté la couette sur son menton barbu avant de lui souhaiter bonne nuit et d'éteindre la lumière.*

De quoi parle-t-on ?

☐ D'un enfant malade. ☐ D'un animal malade. ☐ D'un adulte malade.

◆ *Il avait vraiment triste allure avec cette longue éraflure sur le côté droit, sa porte qui n'avait plus de serrure, sans parler de son pied cassé.*

De quoi parle-t-on ?

☐ D'un animal blessé. ☐ D'un meuble abîmé. ☐ D'un camion accidenté.

Entoure le nombre de bonnes réponses. 0 1 à 2 3

★★ Même exercice.

◆ À peine avait-elle appuyé sur le bouton qu'un grésillement insupportable envahit la pièce. Non seulement le volume était à fond mais, en plus, tout était complètement déréglé ! Encore un coup de cette peste de petit frère qui avait dû jouer avec ! Une fois le son baissé, Fanny entreprit de rechercher la bonne station, ce qui lui prit du temps, et quand, enfin, elle parvint à la trouver, l'émission qu'elle voulait écouter était déjà commencée.

Quel appareil utilise Fanny ?

☐ Une télévision. ☐ Une console de jeux. ☐ Un poste de radio.

◆ Marine utilisait ses dernières forces pour essayer de regagner le bord lorsqu'une voix retentit sur sa droite : « Tiens bon, j'arrive ! » Sauvée ! En quelques brasses, l'homme l'avait rejointe et lui tendait une main ferme et rassurante à laquelle elle s'agrippa avec soulagement.

Dans quelle situation se trouve Marine ?

☐ Elle a failli tomber. ☐ Elle a failli se perdre. ☐ Elle a failli se noyer.

◆ Impossible de le retrouver ! Gabriel l'avait pourtant vu sur son bureau en faisant ses devoirs. Il s'en était servi 20 minutes plus tôt pour demander à sa mère à quelle heure elle rentrait du travail. C'est peut-être sa sœur qui le lui avait emprunté puisque le sien n'avait plus de batterie. Comment allait-il faire pour se réveiller demain matin s'il ne le retrouvait pas d'ici là ?

Que cherche Gabriel ? ☐ Son stylo. ☐ Son portable. ☐ Son réveil.

Entoure le nombre de bonnes réponses. 0 1 à 2 3

Objectif 2 : Je comprends les phrases (niveau 2).

★★ Lis chaque dialogue puis coche la bonne explication.

– Comment ça se passe pour toi ? demanda Tom.
– Plutôt bien, répondit Sam. Je mange à ma faim et j'ai du poisson frais deux fois par semaine.
– Moi, j'ai moins de chance que toi, reprit Tom. Ma maîtresse oublie parfois de remplir ma gamelle et mon maître me fiche dehors dès la nuit venue.

☐ Deux enfants parlent de leur vie à l'école.
☐ Deux chats parlent de leur vie : l'un est heureux, l'autre non.
☐ Deux enfants parlent de leur vie : l'un est heureux, l'autre non.

– On a eu chaud ! dit Louis.
– C'est un peu de notre faute, on aurait dû être plus prévoyants, répliqua Victor.
– C'est sûr que s'aventurer si haut avec des sandales aux pieds…
– Enfin, ça aurait pu être pire. Une chance que ces randonneurs soient arrivés à temps.
– Oui, sans eux, on restait coincés au fond de la crevasse pendant un bon moment ! s'exclama Louis.

☐ Louis et Victor ont eu trop chaud malgré leurs sandales.
☐ Louis et Victor ont eu la chance de faire la connaissance de randonneurs, au cours d'une promenade.
☐ Louis et Victor ont fait une chute en montagne à cause de leur imprudence.

Entoure le nombre de bonnes réponses. 0 1 2

★★★ Lis chaque paragraphe puis coche la réponse à la question.

- Puisque la piscine fermait à 19 heures le samedi, Corentin aurait le temps de passer chercher Emma, dont le cours de piano se terminait à 17 heures, et ils pourraient ainsi y aller ensemble.
Que va faire Corentin samedi ?

☐ Il va aller à son cours de piano et à la piscine.
☐ Il va aller à la piscine avec Emma.
☐ Il va aller au cours de piano avec Emma puis à la piscine.

- Comme il s'était fait une entorse lundi, Sandro avait dû être plâtré le lendemain : il ne pouvait donc plus aller au judo et, par conséquent, il était maintenant libre le mercredi après-midi.
Quel jour Sandro a-t-il cours de judo, d'habitude ?

☐ Le lundi. ☐ Le mardi. ☐ Le mercredi.

- Comme il venait d'avoir une nouvelle montre, Corto décida d'offrir l'ancienne à son frère pour son anniversaire et par conséquent, il ne lui donna que le livre en plus et garda le CD.
Quels cadeaux Corto avait-il prévu d'offrir à son frère, avant d'avoir sa nouvelle montre ?

☐ Une montre et un livre. ☐ Un CD et un livre. ☐ Une montre et un CD.

Entoure le nombre de bonnes réponses. 0 1 à 2 3

19 Méli-mélo

★★ Numérote les lignes du texte dans l'ordre, comme dans l'exemple.

....

- [9] plus mal.
- [ ] Au total, plus de peur que de mal, puisque l'automobiliste est
- [1] Une automobiliste s'est retrouvée, hier matin, vers
- [ ] talus pour finir sur ses roues, à 100 mètres de la route, en plein milieu
- [ ] Saint-Jean-des-Bois a, pour une raison indéterminée, mordu
- [ ] sortie indemne d'un accident qui aurait pu se terminer bien
- [ ] 10 h 45, en plein milieu d'un champ. La conductrice, qui roulait en direction de
- [ ] l'accotement droit de la chaussée. Le véhicule a alors dévalé le
- [ ] d'un champ de blé.

Entoure le nombre de bonnes réponses. 0 à 2 — 3 à 5 — 6 à 7

★★ Même exercice.

....

- [ ] a-t-il fait pour arriver là ? L'accident est en effet peu banal. Le
- [ ] le parking du supermarché *Cépacher.* Tandis que ses propriétaires
- [1] Lundi après-midi, un véhicule en fâcheuse position
- [ ] véhicule - une camionnette de couleur blanche - stationnait sur
- [ ] vraisemblablement pas serré, a commencé à
- [ ] rebord en ciment qui longe le parking et a dévalé le talus voisin,
- [ ] Le véhicule est bon pour la casse !
- [11] Pas de dégâts corporels : la voiture était vide et aucun piéton
- [ ] faisaient leurs courses, la camionnette, dont le frein à main n'était
- [ ] ne s'est trouvé sur sa trajectoire. Mais des dégâts matériels, ça oui !
- [ ] a attiré l'attention des passants : comment
- [ ] rouler toute seule. Son allure s'accélérant peu à peu, elle a franchi le
- [ ] pour venir s'écraser contre un arbre.

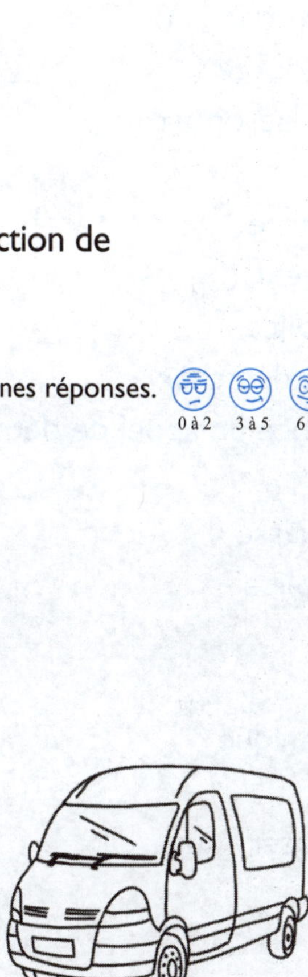

Entoure le nombre de bonnes réponses. 0 à 4 — 5 à 7 — 8 à 11

★★★ Relis les textes des deux exercices précédents puis recopie le titre qui convient pour chacun d'eux. Attention à l'intrus !

La course de camionnettes ! — *Un véhicule sans chauffeur !* — *Un véhicule en plein champ !*

Entoure le nombre de bonnes réponses. 0 — 1 — 2

BIEN LIRE LES PHRASES

Objectif 2 : Je comprends les phrases (niveau 2).

Entoure les mots en bleu qui conviennent pour compléter chaque phrase. Attention au titre !

Un avion perd une partie de son aile gauche

	Dans la nuit de dimanche	
avion	à lundi, un	automobiliste
32 ans	de	68 tonnes
roulait	qui .... en direction	volait
atterri	de Marseille a	mordu
sa force	de toute	urgence
à l'aéroport	.... de Lyon.	un policier
pilote	En effet, le .... , réalisant	chauffeur
agent	qu'un	morceau
police	de	l'aile gauche
se détacher	venait de .... , a tout	le siffler
lancé un appel de détresse	d'abord	refusé de s'arrêter
chasse	Il a aussitôt été pris en	charge
police	par la	tour de contrôle
	Après quelques minutes	
panique	de .... ,	poursuite
	on est parvenu	
poser l'appareil	à	arrêter le véhicule
	Le porte-parole de	
la police nationale	....	l'aviation civile
les passagers	a indiqué que .... ,	l'automobiliste
réconfortés	après avoir été .... ,	arrêté
a mordu le doigt	....	ont terminé le vol
à bord d'un autre appareil	....	du policier

Entoure le nombre de bonnes réponses. 0 à 7 — 8 à 14 — 15 à 20

Relis les phrases et complète-les en écrivant les mots en bleu que tu n'as pas entourés. Puis coche le titre qui convient pour ce nouveau texte.

☐ Un automobiliste de Marseille s'enfuit ☐ Il tente de s'enfuir et mord un policier !
☐ Un automobiliste arrêté à Lyon

Entoure le nombre de bonnes réponses. 0 — 1

Reporte tes résultats dans la grille de suivi.

Bien lire les histoires

Objectif 1 *Je repère les informations principales d'une histoire.*

Objectif 2 *Je comprends le sens d'une histoire.*

Recopie le titre du livre qu'a lu chaque enfant.

20 Que d'histoires !

Clara

Clara était une petite fille qui lisait, lisait, lisait… Elle lisait couchée sur le ventre, assise, couchée sur le dos, debout… Elle lisait à en perdre la tête, disaient certains. […] Mais ses parents étaient ravis : « La lecture, ça instruit. » Aussi, à chaque occasion, en procession, toute la famille lui offrait des livres. Sa grand-mère, qui aimait la morale, choisissait des histoires où tous les enfants étaient des modèles de sagesse. La tante Irma, qui était sentimentale, des histoires de petites fleurs et de petits oiseaux. L'oncle Jacques, qui était vétérinaire, des histoires d'animaux. La cousine José, qui avait fait plusieurs fois le tour du monde, des histoires d'aventures. L'oncle Maurice […], des histoires de lapins roses. Grand-père, qui était resté farceur, des histoires farfelues. Clara recevait tous ces livres avec un sourire poli, mais s'empressait de les ranger au fond d'un placard, avec dédain, sans même y jeter un regard car elle n'aimait que les histoires choisies par l'oncle Albert, « ce vieux fou » disait Papa. Or, ces histoires ne parlaient que de monstres horribles, terribles, irascibles et sans pitié ! Clara se délectait, s'enchantait, se régalait de ce genre de récits. Ils la faisaient délicieusement frissonner de peur ! […]

À force de lire des histoires de monstres, elle finit par s'en inventer un, poilu, griffu, dentu, enfin… horrible, terrible, irascible et sans pitié… Et comme c'était un monstre bien à elle, elle l'appela Archnouff ! Quand elle s'ennuyait à l'école, elle imaginait Archnouff faisant ceci ou cela.

Quand elle avait de grands secrets, c'est à Archnouff qu'elle les confiait.

Un soir qu'elle était toute seule dans sa chambre et qu'elle pensait à lui fort, très fort… la porte s'ouvrit : Archnouff était sur le seuil !

– Bonsoir ! dit-il le plus simplement du monde, et il entra.

– Bonsoir, murmura Clara en reculant d'un pas.

– Bonsoir, répéta Archnouff en lui tendant sa patte poilue et griffue.

Clara, en tremblant, y posa sa menotte, croyant déjà la voir broyée. Mais non, c'était doux et chaud et elle en fut un peu déçue. […]

– Oh ! s'il te plaît, dit Archnouff, raconte-moi une histoire.

– Mais c'est que… bredouilla Clara, je ne connais que des histoires de mons… enfin… de gens comme vous et je crains que cela ne vous amuse pas beaucoup.

– Non, non, dit Archnouff, je voudrais entendre celles-ci ! Et il désigna le placard.

D'une petite voix mal assurée, Clara commença par les histoires de grand-mère, mais Archnouff déclara : « Ces histoires-là ne sont pas drôles du tout. » Il s'intéressa beaucoup à celles de l'oncle Jacques. Il versa d'abondantes larmes aux histoires de Tante Irma. À celles de la cousine José, il ne cessait de répéter : « Passionnant, passionnant ! » Les histoires de l'oncle Maurice lui donnèrent grand appétit… Enfin, il rit à en perdre le souffle aux histoires de grand-père : « Encore, encore ! » disait-il entre deux hoquets. Alors Clara, puis Archnouff, chacun leur tour, en inventèrent et tous deux pleuraient de rire. À la fin, épuisé, Archnouff dit : « Tu ferais bien de t'essuyer les yeux ! » Quand Clara remit le mouchoir sous son oreiller, elle était seule dans la chambre : Archnouff avait disparu. Elle eut beau regarder partout, appeler… Archnouff n'était vraiment plus là. À la place il ne restait qu'une pile de livres. Clara comprit alors que les monstres poilus, griffus, dentus, enfin… horribles, terribles, irascibles et sans pitié n'existent que dans les livres et dans la tête des gens qui aiment trop s'en inventer. Et elle décida de relire un à un tous les livres qui lui avaient permis de passer de si bons moments avec l'ami Archnouff.

Monique Bermond, *Les Affreux Jojos*, cité dans *18 Histoires succulentes*,
Jacqueline et Claude Held, Magnard, 1985, D.R.

★ Lis *Clara* puis barre les affirmations qui ne correspondent pas à l'histoire.

- Au début de l'histoire, Clara ne lit que les livres offerts par l'oncle Albert.
- Elle lit tellement qu'elle en a mal à la tête.
- Clara aime beaucoup avoir peur en lisant une histoire.
- Clara ne lit pas les livres de l'oncle Albert à Archnouff.
- Archnouff dit deux fois « Bonsoir » à Clara car elle n'a pas entendu la première fois.
- Clara a d'abord peur d'Archnouff puis elle devient son amie.

Entoure le nombre de bonnes réponses. 0 1 2

★★ Complète avec les mots de la liste qui conviennent. Aide-toi des lignes 1 à 8 et 29 à 34.

d'aventures – farfelues – de petites fleurs et de petits oiseaux – de lapins roses – d'enfants sages – d'animaux

- Archnouff a beaucoup ri en écoutant des histoires ………………………… .
- Les histoires ………………………… lui ont donné faim.
- Les histoires ………………………… l'ont fait pleurer.
- Il n'a pas aimé les histoires ………………………… qu'il a trouvées ennuyeuses.
- Il s'est beaucoup intéressé aux histoires ………………………… .
- Il a été passionné par les histoires ………………………… .

Entoure le nombre de bonnes réponses. 0 à 2 3 à 4 5 à 6

★★ Relis l'histoire en entier, puis écris le nom de celui ou celle qui aurait pu offrir chaque livre à Clara.

le grand-père – la grand-mère – l'oncle Jacques – la cousine José – l'oncle Albert

- « L'abominable créature des neiges » offert par………………………… .
- « Les petites filles modèles » offert par ………………………… .
- « Le dico qui dit des gros mots » offert par ………………………… .
- « Les aventuriers du désert » offert par ………………………… .
- « Un cheval pour Ninon » offert par ………………………… .

Entoure le nombre de bonnes réponses. 0 à 1 2 à 3 4 à 5

Reporte tes résultats dans la grille de suivi.

Objectif 1 : Je repère les informations principales d'une histoire.

21 Tout est en ordre

La poudre de cheminette

La rentrée à l'école des sorciers approche. Harry Potter doit se rendre au Chemin de Traverse pour y acheter ses fournitures scolaires. Il est accompagné par les Weasley, une famille de sorciers chez qui il a trouvé refuge.

Mme Weasley prit un pot de fleurs vide posé sur la cheminée.

– Il ne nous en reste plus beaucoup, Arthur, soupira-t-elle en regardant au fond du pot. Il faudra qu'on en rachète aujourd'hui... En tout cas, les invités d'abord ! Après toi, Harry, mon chéri !

Et elle lui présenta le pot de fleurs.

– Que... Qu'est-ce que je dois faire ? balbutia-t-il.

– Il n'a jamais pris la poudre de cheminette ! s'exclama soudain Ron. Désolé, Harry, j'avais oublié.

– Jamais ? s'étonna M. Weasley. Comment as-tu fait pour aller acheter tes affaires sur le Chemin de Traverse, l'année dernière ?

– J'ai pris le métro...

– Vraiment ? dit M. Weasley, très intéressé. [...]

– Je t'en prie, Arthur, pas maintenant, coupa Mme Weasley. La poudre de cheminette, ça va beaucoup plus vite, mon chéri, mais si tu ne t'en es jamais servi...

– Ça se passera très bien, M'man, dit Fred. Ne t'inquiète pas, Harry, tu n'auras qu'à regarder comment on fait.

Il prit dans le pot de fleurs une pincée de poudre étincelante, s'avança vers le feu qui brûlait dans la cheminée et jeta la poudre au milieu des flammes.

Dans une sorte de grondement, le feu se teinta alors d'une couleur vert émeraude et s'éleva soudain plus haut que Fred qui pénétra dans la cheminée en criant : « Chemin de Traverse ! » avant de disparaître.

– Il faudra parler bien fort quand tu donneras l'adresse, mon chéri, dit Mme Weasley à Harry pendant que George plongeait la main dans le pot de fleurs. Et fais attention de sortir à la bonne cheminée. Il y a beaucoup de foyers chez les sorciers, mais si tu articules clairement...

– Il se débrouillera très bien, Molly, ne l'ennuie pas, dit M. Weasley en prenant à son tour une pincée de poudre. [...]

– Très bien... dans ce cas... tu n'as qu'à partir après Arthur, dit Mme Weasley. Dès que tu pénétreras dans les flammes, annonce bien fort ta destination...

– Et garde les bras le long du corps, conseilla Ron.

– Et ferme les yeux, ajouta Mme Weasley, à cause de la suie...

– Et ne bouge pas, sinon, tu risques de tomber dans la mauvaise cheminée, dit Ron.

– Mais surtout ne panique pas et ne sors pas trop tôt. Attends le moment où tu verras Fred et George.

En s'efforçant de garder tous ces conseils en mémoire, Harry prit une pincée de poudre de cheminette et s'approcha du feu. Il inspira profondément, jeta la poudre dans l'âtre et fit un pas en avant.

BIEN LIRE LES HISTOIRES

Objectif 1 : Je repère les informations principales d'une histoire.

Les flammes n'étaient pas plus chaudes qu'une brise tiède. Il ouvrit la bouche pour donner l'adresse et avala aussitôt un nuage de cendres.

– Che... che... min de... Tra... verse, balbutia-t-il en toussant.

Il eut alors l'impression d'être aspiré dans un tourbillon géant [...] et tomba tête la première sur un sol de pierre froide en sentant ses lunettes se briser sous le choc. [...] Il n'y avait personne autour de lui et il n'avait aucune idée de l'endroit où il avait atterri.

J. K. Rowling, *Harry Potter et la Chambre des secrets*, trad. Jean-François Ménard © Éditions Gallimard.

☆ Lis *La poudre de cheminette* puis entoure le nom du ou des personnages que désigne le mot ou le groupe de mots en gras.

- Ligne 4 : elle **lui** présenta le pot de fleurs... son mari / Harry / Arthur
- Ligne 6 : **Il** n'a jamais pris la poudre de cheminette... Ron / Harry / M. Weasley
- Lignes 12-13 : ça va beaucoup plus vite, **mon chéri**... Harry / M. Weasley / Ron
- Ligne 16 : **Il** prit dans le pot de fleurs une pincée de poudre... Harry / Fred / Ron
- Ligne 24 : **Il** se débrouillera très bien... Harry / George / Fred
- Ligne 24 : ne **l'**ennuie pas... Harry / Mme Weasley / Fred
- Lignes 24-25 : en prenant à **son** tour une pincée de poudre... George / Harry / M. Weasley
- Ligne 30 : **tu** risques de tomber dans la mauvaise cheminée... Fred / Harry / Mme Weasley

Entoure le nombre de bonnes réponses. 0 à 2 | 3 à 5 | 6 à 8

☆ Entoure la réponse qui convient.

- Qu'y a-t-il dans le pot qui est sur la cheminée ?
  des fleurs / rien / de la poudre de cheminette
- Qui est Arthur ?
  un invité / le père / un des enfants Weasley
- Qui est Molly ?
  la mère des enfants / une invitée / une des filles de la famille
- Pourquoi Harry balbutie-t-il au moment de donner l'adresse ?
  Il panique. / Il a avalé de la cendre. / Il a oublié l'adresse.

Entoure le nombre de bonnes réponses. 0 à 1 | 2 à 3 | 4

☆ Recompose la famille Weasley en écrivant le prénom de chacun. Aide-toi des lignes 1 à 31 du texte.

Le père : ....

La mère : ....

Les enfants : ...., ..., ...

Entoure le nombre de bonnes réponses. 0 à 1 | 2 à 3 | 4 à 5

Objectif 1 : Je repère les informations principales d'une histoire.

★★ **Relis les lignes 14 à 33 puis complète avec les noms des personnages qui conviennent, dans l'ordre de l'histoire. Attention aux intrus de la liste !**

Fred – Harry – Ron – George – Molly – Arthur

.... est le premier à prendre la poudre de cheminette pour se rendre au Chemin de Traverse. Puis c'est au tour de ...., suivi par .... Enfin, ... prend lui aussi une pincée de poudre et s'approche du feu.

Entoure le nombre de bonnes réponses. 0 à 1 — 2 à 3 — 4

★★ **Relis les lignes 16 à 20 puis numérote dans l'ordre ce qu'il faut faire pour aller au Chemin de Traverse. Barre l'intrus.**

- ☐ Pénétrer dans la cheminée.
- ☐ Jeter la poudre dans les flammes.
- ☐ Prendre une pincée de poudre.
- ☐ Crier « Chemin de Traverse ».
- ☐ Brûler dans la cheminée.
- ☐ S'avancer vers le feu.

Entoure le nombre de bonnes réponses. 0 à 2 — 3 à 4 — 5 à 6

★★ **Coche les conseils donnés à Harry pour se rendre au Chemin de Traverse. Aide-toi des lignes 21 à 31 du texte. Attention aux intrus dans la liste de conseils !**

- ☐ Fermer les yeux.
- ☐ Tomber dans la mauvaise cheminée.
- ☐ Garder les bras le long du corps.
- ☐ Bien se débrouiller.
- ☐ Articuler clairement.
- ☐ Ne pas bouger.
- ☐ Ne pas sortir trop tôt.
- ☐ Ne pas paniquer.
- ☐ Annoncer bien fort sa destination.
- ☐ Attendre un moment.

Entoure le nombre de bonnes réponses. 0 à 2 — 3 à 5 — 6 à 7

★★ **Relis les passages indiqués puis écris la bonne réponse pour chaque affirmation en bleu : *Vrai* ou *Faux*.**

- Lignes 1 à 10 : Harry se rend au Chemin de Traverse pour la première fois. ....
- Lignes 16 à 20 : Quand Fred lance la poudre dans le feu, on entend un grondement et les flammes changent de couleur. ....
- Lignes 32 à 39 :
  - Harry essaye de se souvenir de tous les conseils donnés par la famille Weasley. ....
  - En s'approchant du feu, il constate que les flammes sont très chaudes. ....
  - À l'arrivée, il se cogne et casse ses lunettes. ....
  - À la fin, il arrive dans un endroit désert. ....

Entoure le nombre de bonnes réponses. 0 à 2 — 3 à 4 — 5 à 6

Reporte tes résultats dans la grille de suivi.

BIEN LIRE LES HISTOIRES

22 Pas si bête !

Conte n° 1

Nasreddine Hodja décida un jour de devenir commerçant. Il partit au marché de la ville, où il acheta dix ânes. Sur le chemin du retour, alors qu'il était en pleine campagne, il commença à s'inquiéter : « Il y a beaucoup de voleurs dans cette région, il vaut mieux que je vérifie si on ne m'a pas déjà volé. » Et, joignant le geste à la réflexion, il se retourna et entreprit de compter ses ânes.
Mais, ne voyant pas celui sur le dos duquel il était assis, il ne compta que neuf ânes. « Malheur ! s'écria-t-il, on m'a volé un âne ! » et, sautant par terre, il courut vers les collines à la poursuite des voleurs. Il chercha longtemps, mais il ne trouva personne. Alors, il revint tristement rejoindre ses ânes. Et là, quelle ne fut pas sa surprise de voir ses dix ânes qui l'attendaient paisiblement ! « Ah ! ha ! se dit-il, les voleurs ont eu peur de moi et ils ont préféré me rendre l'âne qu'ils avaient volé. »

Fier et rassuré, Nasreddine enfourcha son âne et reprit son chemin, suivi par les neuf autres. Trois cents mètres plus loin, il se dit : « Et si les voleurs étaient revenus, profitant de ma grande confiance ? » Il se retourna et compta ses ânes. Il en trouva neuf. « Malheur ! s'écria-t-il, ils ont recommencé ! Mais je les rattraperai ! » Et, sautant à terre, il se mit à courir dans tous les sens sans trouver la moindre trace des voleurs. « Cette fois-ci, ils m'ont eu », se dit-il en revenant sur ses pas. Sa surprise fut grande en arrivant près de ses ânes : ils étaient dix ! « Les voleurs ont eu peur de moi encore une fois » pensa-t-il.
Nasreddine réfléchit longuement. Il se dit : « C'est simple, chaque fois que je suis sur le dos d'un âne, les voleurs en profitent pour m'en subtiliser un autre ; il vaut mieux que je continue à pied pour leur faire échec. » Et c'est ainsi qu'il arriva chez lui, transpirant et épuisé, mais fier d'avoir déjoué le plan des voleurs. Il raconta l'aventure à sa femme, qui poussa un grand soupir et dit : « En regardant bien, je ne vois pas dix ânes, mais onze ! »

Conte n° 2

Un jour, à la fin du marché, Nasreddine ne retrouva pas son âne qu'il avait attaché à un arbre. Trois hommes venaient tout juste de le voler afin de le vendre dans la ville voisine. Le plus sérieusement du monde, Nasreddine Hodja grimpa sur une terrasse et se mit à crier à qui voulait l'entendre :
« Rendez-moi mon âne, sinon je ferai exactement ce qu'a fait mon père quand on lui a volé le sien. »
Les gens se rassemblèrent et se demandèrent, inquiets :
« Est-ce que quelqu'un sait ce qu'a fait le père de Nasreddine ? Est-ce que quelqu'un est au courant de son histoire ? »
Mais personne n'en avait entendu parler.
La menace se propagea vite et arriva aux oreilles des voleurs. Saisis par la peur, ils s'interrogèrent :
– Sais-tu ce qu'a fait le père de Nasreddine ?
– Non.
– Et toi ?

– Moi non plus.
– Alors il vaut mieux ne pas courir de risques. Nous allons lui rendre son âne.
Les trois voleurs revinrent, un peu gênés :
« Tiens, Nasreddine, nous voulions seulement te faire une blague. »
Très dignement, Nasreddine reprit son âne et se prépara à rentrer chez lui. Un homme osa enfin lui poser la question qui intriguait tout le monde :
– Qu'a fait ton père, au juste, le jour où on lui a volé son âne ?
– Que voulais-tu qu'il fasse ? Il en a acheté un autre !

Conte n° 3

Un jour, Nasreddine acheta un âne en ville et prit la route du village en le tirant derrière lui. En chemin, trois voleurs le virent et décidèrent de lui voler l'âne. Ils s'approchèrent en silence. Deux d'entre eux défirent la corde qui emprisonnait le cou de l'âne et s'éloignèrent sans bruit avec l'animal, alors que le troisième passait la corde autour de son propre cou et prenait la place de l'âne. À ce moment, Nasreddine se retourna, et quelle ne fut pas sa surprise de voir un jeune homme à la place de son âne. Le jeune homme lui expliqua la situation :
– Un jour, j'ai désobéi à ma mère et j'ai été transformé en âne. Mais maintenant, je crois qu'elle m'a pardonné puisque je retrouve ma forme humaine.
– Ah ! malheureux, il ne faut jamais être impoli avec sa mère. Retourne vite chez elle et embrasse-lui la main sept fois.
Et Nasreddine libéra le jeune homme qui alla rejoindre ses amis.
Le lendemain, Nasreddine décida d'acheter un nouvel âne, un vrai cette fois-ci. Or, en arrivant au marché, il revit l'âne qu'il avait acheté la veille. Il était exposé à la vente. Nasreddine s'approcha, lui tira l'oreille et lui dit : « Espèce de bon à rien, je vois que tu as encore fâché ta mère ; mais cette fois-ci, je ne t'achèterai pas. »

Jihad Darwiche, *Sagesses et malices de Nasreddine, le fou qui était sage*, © Éditions Albin Michel.

☆ **Barre les affirmations qui ne correspondent pas à l'histoire.**

Conte n° 1
- Nasreddine s'arrête trois fois pour compter ses ânes.
- Il croit qu'on lui a volé un âne car il oublie de compter celui sur lequel il est assis.
- Il est inquiet car il a vu des voleurs.
- Il finit par rentrer à pied pour mieux surveiller ses ânes.

Conte n° 2
- Les voleurs ont pris l'âne de Nasreddine pour le vendre.
- Les voleurs ne savent pas ce qu'a fait le père de Nasreddine.
- À la fin de l'histoire, Nasreddine a récupéré son âne.
- Les voleurs ont fait une bonne blague à Nasreddine.

Objectif 1 : Je repère les informations principales d'une histoire.

Conte n° 3

- Dans ce conte, un voleur prend la place de l'âne de Nasreddine.
- Nasreddine croit ce que lui raconte le jeune homme.
- Nasreddine s'est fait voler son âne sur le marché.
- Le lendemain, au marché, Nasreddine tire l'oreille du jeune homme et le gronde.

Entoure le nombre de bonnes réponses. 0 à 1 — 2 à 3 — 4 à 5

★★ Écris le numéro du conte qui convient.

- Nasreddine achète 1 âne dans le conte n°…
- Il en achète 10 dans le conte n°…
- Il se fait voler un âne dans les contes n°… et n°…
- Il ne se fait voler aucun âne dans le conte n°…
- Il fait peur à des voleurs dans le conte n°…
- Des voleurs rendent son âne à Nasreddine dans le conte n°…
- Des voleurs parlent avec Nasreddine dans les contes n°… et n°…

Entoure le nombre de bonnes réponses. 0 à 3 — 4 à 6 — 7 à 9

★★ Complète avec les mots de la liste qui conviennent. Attention, le même mot peut être utilisé plusieurs fois !

un voleur – sa femme – lui-même – un âne – d'autres voleurs – Nasreddine – un homme

Conte n° 1

- « Malheur, ils ont recommencé ! » C'est ……………………… qui parle avec ……………………… .
- « En regardant bien, je ne vois pas dix ânes, mais onze. » C'est ……………………… qui parle à ……………………… .

Conte n° 2

- « Sais-tu ce qu'a fait le père de Nasreddine ? » demande ……………………… à ……………………… .
- « Que voulais-tu qu'il fasse ? Il en a acheté un autre ! » dit ……………………… à ……………………… .

Conte n° 3

- « Un jour j'ai désobéi à ma mère et j'ai été transformé en âne » dit ……………………… à ……………………… .
- « Espèce de bon à rien, je vois que tu as encore fâché ta mère » dit ……………………… à ……………………… .

Entoure le nombre de bonnes réponses. 0 à 4 — 5 à 8 — 9 à 12

Reporte tes résultats dans la grille de suivi.

23 Tout est compris ?

★★ **Relis les trois contes (pp. 43-44) puis coche la ou les bonnes explications pour chaque phrase en bleu.**

« Ah ! ha ! se dit-il, les voleurs ont eu peur de moi et ils ont préféré me rendre l'âne qu'ils avaient volé. » (conte n° 1)

☐ Nasreddine a eu raison de faire peur aux voleurs.
☐ Nasreddine n'a pas compris qu'il avait oublié de compter un âne.
☐ Nasreddine a cru qu'il était suivi par des voleurs.

« En regardant bien, je ne vois pas dix ânes, mais onze ! » (conte n° 1)

☐ Nasreddine a rapporté un onzième âne.
☐ La femme de Nasreddine se trompe en comptant les ânes.
☐ Nasreddine est le onzième âne car il est aussi stupide qu'eux.

« Alors il vaut mieux ne pas courir de risques. » (conte n° 2)

☐ Comme personne ne sait ce qu'a fait le père de Nasreddine, les voleurs préfèrent être prudents.
☐ Les voleurs courent pour rapporter l'âne.
☐ Les voleurs regrettent d'avoir volé un âne.

Et Nasreddine libéra le jeune homme qui alla rejoindre ses amis. (conte n° 3)

☐ Le jeune homme ne va pas voir sa mère car il a menti à Nasreddine.
☐ Le jeune homme va rejoindre ses amis car il n'ose pas aller voir sa mère.
☐ Le jeune homme n'a jamais eu l'intention d'aller voir sa mère.

Entoure le nombre de bonnes réponses. 0 à 2 — 3 à 4 — 5 à 6

★★ **Complète la réponse à la question avec le numéro qui convient.**

- Dans quels contes Nasreddine est-il stupide ? Contes n°… et n°…
- Dans quel conte les voleurs sont-ils plus malins que Nasreddine ? Conte n°…
- Dans quel conte Nasreddine est-il plus malin que les voleurs ? Conte n°…

Entoure le nombre de bonnes réponses. 0 à 1 — 2 à 3 — 4

★★★ **Relis les trois contes puis recopie le titre qui convient pour chacun d'eux. Attention, il y a deux titres intrus !**

Le pari – Transformé en âne – L'âne et la nourriture – Les dix ânes – La menace

- Titre du conte n° 1 : ....
- Titre du conte n° 2 : ....
- Titre du conte n° 3 : ....

Entoure le nombre de bonnes réponses. 0 — 1 à 2 — 3

Reporte tes résultats dans la grille de suivi.

BIEN LIRE LES HISTOIRES

24 Deux histoires en une

★★ Lis attentivement le paragraphe en bleu puis coche la bonne phrase.

Jeanne adorait les manèges et plus particulièrement ceux qui font peur. Avoir peur à cent à l'heure l'amusait au plus haut point ! Pour son anniversaire, son meilleur ami lui avait donné rendez-vous à la fête foraine pour une après-midi pleine de surprises, de rires et de frissons. Elle savait qu'il allait choisir, pour sa plus grande joie, les manèges les plus horribles. Elle était si impatiente de découvrir le programme de cette journée de folie qu'elle était arrivée un peu en avance !

- ☐ Jeanne aime tous les manèges sauf ceux qui font peur.
- ☒ Jeanne s'amuse beaucoup dans les manèges qui font peur.
- ☐ Jeanne déteste les manèges qui font peur.

Entoure le nombre de bonnes réponses. 0 1

★★ Relis le paragraphe en bleu et la phrase que tu as cochée puis entoure les mots en marge qui conviennent pour continuer l'histoire.

fête foraine	Autour d'elle, la .... s'étendait à perte de vue.	forêt
excitant	C'était terriblement .... !	angoissant
terrifiée	Jeanne tournait la tête de tous côtés, ...	émerveillée
arbres	par les .... plus gigantesques les uns que les autres.	manèges
se réjouissait	Jeanne .... à l'avance de ce qui allait se passer !	s'inquiétait
formidable	Ce serait sûrement la journée la plus .... de toute sa vie !	horrible
caverneuse	Soudain, une voix .... retentit : – Ohé, je suis là ! Tu me rejoins ?	amicale
train fantôme	Jeanne aperçut au loin, à l'entrée du .... la grande silhouette de celui qu'elle attendait	tunnel
impatience	avec	appréhension
Super	– .... ! songea-t-elle en avançant vers lui.	Misère
l'homme	– Première étape ! Attends-toi au pire ! la prévint	son ami
complice	d'un ton .... avant de l'entraîner à l'intérieur	menaçant
tunnel	du	manège
inquiet	Jeanne eut à peine le temps de lui lancer un coup d'œil .... qu'ils étaient déjà emportés à toute allure, dans un tourbillon vertigineux. Puis ils plongèrent brutalement dans l'obscurité. Un squelette surgit :	amusé
applaudit	Jeanne .... Plus loin, une toile d'araignée lui effleura	frémit
malheur	le visage tandis que, pour son plus grand ...., une nuée de chauves-souris la frôlait du bout de leurs ailes répugnantes.	bonheur

Objectif 2 : Je comprends le sens d'une histoire.

de rire	Elle pleurait encore ……… lorsqu'elle se retrouva	de terreur
tunnel	hors du ……… aussi brusquement qu'elle y était entrée.	manège
	Elle chercha du regard celui qui était la cause de cet	
éprouvant	……… quart d'heure de frissons mais il avait disparu.	agréable
fête	Elle était de nouveau seule au milieu de la ……… .	forêt
épreuve	– Quelle va être la seconde ……… ? se dit-elle	surprise
enjoué	d'un ton ……… .	anxieux

Sylvie Fournout

Entoure le nombre de bonnes réponses. 0 à 9 10 à 16 17 à 22

★★ **Entoure le titre qui convient pour cette histoire.**

Une après-midi de cauchemar ! Délicieux frissons ! Une mauvaise surprise !

Entoure le nombre de bonnes réponses. 0 1

★★ **Relis l'histoire (sans le paragraphe en bleu) en complétant cette fois avec les mots en marge que tu n'as pas entourés. Puis coche le titre qui convient pour cette nouvelle histoire.**

☐ Perdue dans la forêt ☒ Le tunnel de l'horreur ☐ La forêt des merveilles

Entoure le nombre de bonnes réponses. 0 1

★★★ **Coche le début qui correspond à cette nouvelle histoire.**

☒ Jeanne avait rendez-vous près d'un tunnel abandonné dans la forêt. Elle avait un peu peur mais elle se disait que l'aventure valait le coup d'être tentée. On n'avait pas tous les jours l'occasion d'observer des chauves-souris ! Et puis, dès que son ami serait là, elle se sentirait déjà plus forte. Il lui tardait qu'il arrive…

☐ Jeanne était seule dans la forêt. Le silence, la taille imposante des arbres l'impressionnaient. Quelle idée stupide de s'être éloignée des autres ! La nuit n'allait pas tarder à tomber. Elle pourrait toujours se réfugier dans ce tunnel rempli de chauves-souris et de toiles d'araignées en attendant les secours…

☐ Jeanne avait rendez-vous dans la forêt interdite, près du tunnel. Elle ignorait si l'homme avait dit vrai en lui promettant de la conduire au pied du chêne magique qui sauverait son peuple. Avant cela, il lui faudrait subir plusieurs épreuves pour tester son courage et sa loyauté. C'est avec une certaine appréhension qu'elle se rendit sur le lieu du rendez-vous où elle ne trouva personne…

Entoure le nombre de bonnes réponses. 0 1

Reporte tes résultats dans la grille de suivi.

25 C'est toujours la même histoire

Histoire n° 1

Après des jours de marche, Niels arrive enfin en vue de la caverne du dragon qu'il doit affronter.

À plat ventre dans la boue noirâtre du marécage, Niels tentait de reprendre son souffle. Il avait marché tout le jour dans un paysage désolé, battu par un vent glacial. On aurait dit que le ciel mettait tout en œuvre pour faire échouer sa quête. Il pensa alors à la belle Zoraya pour se redonner du courage. Accepterait-elle de l'épouser s'il lui offrait une écaille du Grand Dragon ? Perdu dans ses réflexions, il sentit soudain le sol se dérober sous lui ! L'eau transperça sa chemise. Il s'enfonçait. Il allait mourir, là, dans ce marécage hostile, ultime barrière entre le dragon et la terre des hommes. Il fallait trouver une idée. Vite ! avant que l'eau ne l'engloutisse définitivement… Il s'agrippa de toutes ses forces à une touffe de roseaux et s'arracha de la vase qui l'aspirait. Une heure plus tard, il atteignait enfin l'antre du monstre. Niels s'embusqua à l'entrée. Le souffle du dragon palpitait, tout proche dans l'obscurité, si proche qu'il en sentait la chaleur. Le jeune homme raffermit sa main sur son poignard : il lui faudrait être précis, frapper à la gorge, une seule fois. Une seule chance ! Brusquement Niels tressaillit : non, il ne rêvait pas ! Une poignée d'hommes, armés d'épées et de lances, se déployait à pas de loups dans la caverne : des nains de la tribu des Nim ! S'ils étaient là, c'est qu'ils avaient résolu de tuer le dragon pour en vendre les écailles. S'enrichir avait toujours été leur seul but !
Sans hésiter, Niels saisit la bourse au fond de sa poche et la jeta à leurs pieds. Délaissant leurs armes, les nains cupides se ruèrent sur le butin et roulèrent hors de la caverne. Niels bondit vers le dragon. Celui-ci se dressa aussitôt, éclairant le jeune homme de sa langue de feu. Lorsqu'il découvrit cet adversaire qui lui arrivait au genou, le monstre renversa sa tête en arrière et éclata d'un rire énorme ! Niels en profita : en un clin d'œil, il grimpa sur le dragon et lui trancha la gorge. Il détacha ensuite une des écailles du dragon mort. « Pour toi, Zoraya » murmura-t-il.

Histoire n° 2

Élias vient d'arriver au pont qui conduit à la caverne du dragon. Saisi par le vertige, il a un moment d'hésitation avant de traverser…

En contrebas, la rivière tumultueuse grondait. Face à Élias, sur l'autre rive, la caverne du dragon le narguait. Si près et si loin ! Pas d'autre moyen pour traverser que ce fichu pont de lianes effilochées. Élias s'y engagea, luttant contre la peur qui menaçait de l'envahir. Ne pas penser, avancer ! Vite ! L'image de son père mourant le poursuivait. Parvenu au milieu de sa traversée, Élias sentit une brève secousse. Il leva les yeux : sur l'autre rive, un vieil homme se tenait accroupi, une hache à la main.
– Hé ! cria Élias. Que fais-tu ?
Le vieux dévisagea le jeune homme, un mauvais sourire sur le visage.
– Je détruis le pont afin que tu n'atteignes jamais la caverne ! Car c'est à moi que doivent revenir les écailles de l'éternelle jeunesse ! Lorsque j'aurai tué le dragon, sa puissance m'envahira et je retrouverai ma vigueur d'antan !
Il leva une nouvelle fois sa hache. Dans un éclair, Élias revit le visage de son père, altéré par la fièvre.

– Attends, cria-t-il, je n'ai besoin que d'une seule écaille pour fabriquer la potion qui sauvera mon père ! Tout le reste sera à toi.
Le vieux éclata d'un rire méchant :
– Moi, il me les faut toutes !
Élias s'élança pour atteindre la rive avant qu'il ne soit trop tard. Mais la hache s'abattit une dernière fois. Le pont céda, projetant Élias dans le vide, bras en avant. Par chance, les mains du garçon rencontrèrent une branche ; il s'y agrippa. Puis, évitant de regarder en bas, il se mit à escalader la paroi, s'écorchant bras et jambes sur les pierres saillantes. Lorsqu'Élias émergea enfin du gouffre, à deux pas de la caverne, il ne restait presque rien du vieil homme que le dragon achevait de dépecer. Rien, sauf la hache. Élias s'en saisit et la lança de toutes ses forces. Le dragon se retourna, surpris, puis s'effondra, mort. Un bref instant, ses écailles étincelèrent dans le soleil couchant. Élias choisit la plus belle et s'en alla, sans se retourner.

Histoire n° 3

Malo a rejoint la battue que les hommes de son village organisent contre un monstrueux dragon qui décime la région.

Au milieu de la foule, Malo écoutait le chef du village assurer à tous que le monstre ne pourrait pas échapper à cette nouvelle battue. Le monstre ! Malo blêmit en pensant aux images de blessures atroces, de membres déchiquetés... Pourtant, si la légende disait vrai, il suffisait d'une seule écaille de ce dragon pour voir ses vœux se réaliser. Tous ici en rêvaient. Malo plus que tout autre. Cette nouvelle battue serait sa chance. À condition de suivre le combat de suffisamment loin pour échapper aux griffes du monstre, de suffisamment près pour pouvoir profiter de sa mort et lui arracher une de ses précieuses écailles ! Alors une nouvelle vie commencerait : il deviendrait enfin Malo le Valeureux !
– En avant ! s'écria le chef. Et pas de pitié !
Les hommes resserrèrent les rangs et ce fut la ruée. Coincé entre deux grands costauds, Malo se sentit décoller du sol et fut entraîné malgré lui. Il eut beau gigoter, jouer des coudes, s'arc-bouter pour résister, la foule l'emporta. Bientôt le tourbillon s'arrêta devant la caverne. Le dragon attendait. Un premier groupe s'élança. Le monstre le balaya d'un revers de patte. Un second décocha une volée de flèches : elles ricochèrent sans effet sur le dos du dragon. Affolé, Malo cherchait des yeux un abri. Tout à coup, il aperçut un rocher de bonne taille, surplombant la caverne. À quatre pattes, il parvint à l'atteindre et se cacha derrière. « Sauvé ! » pensa-t-il lorsqu'un grand gaillard de paysan surgit à ses côtés :
– Il y a l'entrée d'une galerie, là ! On va le prendre par surprise ! Vite ! attrape ! dit-il en lui lançant une épée.
Malo chercha à fuir mais l'autre le poussa et tous deux basculèrent dans le trou. Ils dévalèrent la pente à toute allure. Alors que Malo débouchait dans la caverne face au monstre, le gaillard arriva à son tour, pieds en avant, et le propulsa violemment contre le cœur du dragon, où son épée s'enfonça. Sous l'impact, une écaille se détacha : Malo la saisit et formula son vœu. Aussitôt, il sentit sa main s'affermir. Alors, sans trembler, Malo le Valeureux acheva le dragon en lui tranchant la tête.

Sylvie Fournout

Objectif 2 : Je comprends le sens d'une histoire.

★★ **Lis les histoires (pp. 49-50) puis entoure la ou les réponses à chaque question.**

- Qui est le héros dans les trois histoires ?

un dragon *un vieil homme* *un jeune homme* *un paysan*

- Dans quelle(s) histoire(s) le héros veut-il posséder une écaille de dragon ?

Histoire n° 1 n° 2 n° 3

- Dans quelle(s) histoire(s) le héros veut-il tuer lui-même le dragon ?

Histoire n° 1 n° 2 n° 3

Entoure le nombre de bonnes réponses. 0 à 2 3 à 4 5 à 6

★★ **Réponds aux questions avec les réponses en bleu qui conviennent. Attention aux intrus !**

- Qui intervient juste avant la mort du dragon ?

un vieil homme *Zoraya* *des nains* *un monstre* *un paysan*

Histoire n° 1 : ....
Histoire n° 2 : ....
Histoire n° 3 : ....

- Pourquoi le héros a-t-il besoin d'une écaille de dragon ?

devenir courageux *s'enrichir* *sauver quelqu'un* *épouser quelqu'un*

Histoire n° 1 : C'est pour ....
Histoire n° 2 : C'est pour..
Histoire n° 3 : C'est pour..

- L'écaille du dragon a-t-elle des pouvoirs magiques ?

oui *ce n'est pas expliqué*

Histoire n° 1 : ....
Histoire n° 2 : ....
Histoire n° 3 : ....

Entoure le nombre de bonnes réponses. 0 à 3 4 à 6 7 à 9

★★ **Écris le numéro de l'histoire à laquelle correspond chaque phrase.**

- Le héros espère qu'un autre que lui va tuer le dragon. Histoire n°…
- Quand le héros parvient enfin dans la caverne, celui qui voulait tuer le dragon à sa place est déjà mort. Histoire n°…
- Le héros attaque le dragon involontairement. Histoire n°…
- Le héros utilise aussitôt l'écaille du dragon et son pouvoir magique. Histoire n°…
- Le héros utilise une astuce pour empêcher quelqu'un d'autre de tuer le dragon. Histoire n°…

Entoure le nombre de bonnes réponses. 0 à 1 2 à 3 4 à 5

BIEN LIRE LES HISTOIRES

Objectif 2 : Je comprends le sens d'une histoire.

★★ Relis les trois histoires (pp. 49-50) puis écris le nom du personnage qui convient. Le même nom peut être utilisé plusieurs fois. Attention à l'intrus !

un nain *Élias* *Malo* *Niels* *le vieil homme* *le paysan*

- Il est astucieux, courageux et amoureux. C'est ....
- Il porte une épée et aime l'argent plus que tout. C'est ....
- Il est arrivé à vaincre sa peur de tomber dans le vide. C'est ....
- Sans lui, le héros de l'histoire serait resté caché. C'est ....
- Avant de mourir, le dragon s'est moqué de sa petite taille. C'est ....
- Il a voulu se débarrasser de celui qui venait tuer le dragon comme lui, mais il n'a pas échappé aux griffes du monstre. C'est ....

Entoure le nombre de bonnes réponses. 0 à 2 3 à 4 5 à 6

★★★ Coche le résumé qui convient pour les trois histoires à la fois.

☐ Un jeune homme voudrait se procurer une écaille de dragon car elle possède un pouvoir magique. Pour cela, il n'hésite pas à affronter le monstre et à le tuer vaillamment de ses propres mains.

☐ Un jeune homme voudrait se procurer une écaille de dragon mais pour cela, il faut que le monstre soit tué. Après quelques péripéties, notre héros peut enfin saisir l'écaille tant espérée !

☐ Un jeune homme voudrait se procurer l'écaille de dragon qui changera sa vie. Il se débarrasse d'abord de ses concurrents, puis il tue le monstre et prend une de ses écailles.

Entoure le nombre de bonnes réponses. 0 1

★★★ Entoure le nom du personnage qui parle et le numéro de l'histoire qui convient, sans l'aide des textes.

- « Je n'allais pas renoncer si près du but ! Les écailles étaient pour moi et pour moi seul ! Encore un dernier coup de hache et je serais débarrassé de lui ! »
  C'est Élias – le dragon – le vieil homme qui raconte un passage de l'histoire n° 1 – 2 – 3.
- « Je me suis demandé ce qu'ils faisaient là, mais j'ai vite compris en voyant leurs armes ! Soudain, un autre, qui s'était caché près de l'entrée, a lancé quelque chose vers eux puis il a bondi vers moi. Je me suis aussitôt dressé devant lui, mais trop tard… »
  C'est Niels – Malo – le dragon qui raconte un passage de l'histoire n° 1 – 2 – 3.
- « J'avançais, l'arme à la main, quand je l'ai vu devant moi. Quelques instants plus tard, je tombais, entraînant l'autre dans ma chute ! »
  C'est Elias – le paysan – le vieil homme qui raconte un passage de l'histoire n° 1 – 2 – 3.

Entoure le nombre de bonnes réponses. 0 1 à 2 3

Reporte tes résultats dans la grille de suivi.

26 Les pirates s'expliquent

Les pirates (1)

Tom et son ami Joe décident de s'enfuir de leur village au bord du Missisipi pour devenir pirates.

1. – J'ai déjà trouvé un repaire, dit Tom, c'est le plus important. Que penses-tu de l'île Jackson ?

– Fameux ! répliqua Joe Harper.

À cinq kilomètres en aval du village, à un endroit où le Missisipi a près de deux kilomètres de large, s'étendait une longue île boisée, facilement accessible par un banc de sable. Elle offrait un abri d'autant plus sûr qu'elle était inhabitée. On ne pouvait rêver meilleur repaire de pirates !

– Je songe à une chose, dit Tom. Nous ne sommes que deux, ce n'est pas assez.

– Essayons d'enrôler Huck, proposa Joe.

Huck ne demanda pas mieux que de se joindre à eux. Tom lui exposa son plan et il fut décidé qu'ils se retrouveraient à minuit dans un endroit désert au bord du fleuve, à environ trois kilomètres du village. Il y avait là un petit radeau dont ils s'empareraient. Chacun devait apporter sa canne à pêche et autant de vivres que possible.

2. Vers minuit, Tom arriva avec un jambon et d'autres provisions. Il s'empressa de se cacher dans un épais buisson au sommet de la butte dominant le lieu du rendez-vous. Les étoiles brillaient et il n'y avait pas un souffle de vent. Tom tendit l'oreille ; aucun bruit ne troublait le silence. Il siffla alors doucement. Un sifflement lui répondit en contrebas. Tom siffla deux fois. On lui répondit de même, puis une voix cria : « Qui va là ? »

– Tom Sawyer, le Vengeur Noir de la Mer des Antilles. Et vous, qui êtes-vous ?

– Huck Finn les Mains Rouges et Joe Harper la Terreur des Mers.

C'est Tom qui avait trouvé ces noms-là dans ses livres préférés.

– Bien. Donnez-moi le mot de passe.

Deux voix caverneuses répliquèrent en chœur : « SANG ! »

Alors Tom fit dévaler son jambon du haut de la butte et se laissa glisser à son tour jusqu'en bas, s'écorchant et déchirant ses vêtements au passage. Il aurait pu rejoindre ses amis en prenant un sentier plus commode, le long du rivage, mais à quoi bon être un pirate si c'est pour faire comme tout le monde ! La Terreur des Mers avait apporté un énorme morceau de lard, Finn Les Mains Rouges une poêle à frire. Le Vengeur Noir de la Mer des Antilles déclara qu'il fallait avant tout se procurer de quoi faire du feu.

3. Apercevant non loin de là, au bord de l'eau, un feu qui achevait de se consumer, ils s'en approchèrent prudemment pour s'emparer de quelques tisons. Ce fut pour eux l'occasion d'une véritable expédition, criant « Chut ! » à tout bout de champ, s'arrêtant brusquement, le doigt sur les lèvres, portant la main sur le manche d'un poignard imaginaire, chuchotant des ordres d'un ton lugubre. Au moindre mouvement de « l'ennemi », la consigne était de « le transpercer de part en part » car « seuls les morts ne parlent pas ». Ils savaient bien qu'à cette heure, tout le monde était rentré au village. Mais ce n'était pas une raison pour ne pas se comporter en véritables pirates. Ils se dirigèrent ensuite vers le radeau et toute la bande monta à bord.

Objectif 2 : Je comprends le sens d'une histoire.

4. Huck manœuvrait la rame arrière et Joe la rame avant. Tom était aux commandes, debout au milieu du navire, les sourcils froncés, les bras croisés. Dès qu'ils eurent atteint le milieu du fleuve, les garçons lâchèrent les rames, laissant agir le courant, faible à cet endroit, pour les mener doucement vers l'île. Pendant les trois quarts d'heure que dura la traversée, pas un mot ne fut prononcé. Quand le radeau passa à proximité du village paisiblement endormi, le Vengeur Noir de la Mer des Antilles s'imagina être en route pour une destination très lointaine. Les bras toujours croisés, il jeta un dernier regard sur le lieu de ses joies et de ses souffrances passées, le cœur brisé, mais satisfait. Les autres pirates jetèrent, eux aussi, un dernier regard sur le village. Ils le contemplèrent même si longtemps qu'ils faillirent se laisser entraîner par le courant et dépasser le banc de sable. Heureusement, ils purent manœuvrer à temps. Vers deux heures du matin, ils arrivèrent sur la pointe de l'île et débarquèrent leur chargement. Sur l'embarcation, ils avaient trouvé une voile dont ils se servirent pour protéger leurs provisions. Quant à eux, ils comptaient bien dormir à la belle étoile, comme de vrais pirates ! *(à suivre)*

★★ **Lis *Les pirates (1)* puis écris le nom du ou des personnages que désigne le groupe de mots en bleu.**

Tom *Huck* *Joe*

- Paragraphe 2 : *… une voix cria : « Qui va là ? »*
  C'est la voix de .... ou ....
- Paragraphe 2 : *Deux voix caverneuses répliquèrent en chœur…*
  Ce sont les voix de .... et ....
- Paragraphe 2 : *La Terreur des Mers avait apporté un énorme morceau de lard, Finn Les Mains Rouges une poêle à frire.*
  C'est .... qui a apporté le lard et .... la poêle.
- Paragraphe 4 : *… les garçons lâchèrent les rames…*
  Ce sont .... et .... qui lâchent les rames.
- Paragraphe 4 : *… le Vengeur Noir de la Mer des Antilles s'imagina être en route pour une destination très lointaine.*
  C'est .... qui s'imagine cela.
- Paragraphe 4 : *Les autres pirates jetèrent, eux aussi, un dernier regard sur le village.*
  Ce sont .... et .... qui regardent le village.

Entoure le nombre de bonnes réponses. 0 à 4 5 à 7 8 à 11

Objectif 2 : Je comprends le sens d'une histoire.

☆☆ Lis la phrase en bleu puis coche la réponse à la question en t'aidant du texte (pp. 53-54).

- *Il s'empressa de se cacher dans un épais buisson au sommet de la butte dominant le lieu du rendez-vous.* (paragraphe 2)

Pourquoi Tom se cache-t-il ?

☐ Pour ne pas être vu par les gens de son village.
☐ Pour faire peur à ses deux amis.
☐ Pour jouer.

- *Et vous, qui êtes-vous ?* (paragraphe 2)

Pourquoi Tom pose-t-il cette question ?

☐ C'est pour être sûr qu'il s'agit bien de ses amis.
☐ C'est parce qu'il fait semblant de ne pas savoir qui parle.
☐ C'est parce qu'il ne sait pas qui a parlé.

- *Tom était aux commandes, debout au milieu du navire, les sourcils froncés, les bras croisés.* (paragraphe 4)

Pourquoi Tom a-t-il les sourcils froncés et les bras croisés ?

☐ C'est parce qu'il est contrarié de ne pas ramer comme Huck et Joe.
☐ C'est parce qu'il est inquiet.
☐ C'est parce qu'il veut prendre une allure de pirate.

Entoure le nombre de bonnes réponses. 0 | 1 à 2 | 3

☆☆☆ Relis les paragraphes indiqués puis réponds aux consignes.

Paragraphe 1

- Souligne la phrase permettant de comprendre que les trois amis vont utiliser un radeau qui ne leur appartient pas.
- Recopie la phrase qui permet de comprendre que Huck est très content de devenir pirate avec Joe et Tom.

....

Paragraphe 2

- Souligne la phrase permettant de comprendre que Tom lit beaucoup d'histoires de pirates.

Paragraphe 3

- Recopie l'adjectif qui permet de comprendre qu'ils n'ont pas de couteau. ....
- Souligne la phrase qui permet de comprendre qu'ils ne vont rencontrer personne en s'approchant du feu.

Paragraphe 4

- Recopie le groupe de cinq mots qui permet de comprendre que Tom est à la fois triste et content de partir. ....

Entoure le nombre de bonnes réponses. 0 à 2 | 3 à 4 | 5 à 6

Reporte tes résultats dans la grille de suivi.

BIEN LIRE LES HISTOIRES

27 Les paragraphes à la loupe

Les pirates (2)

Tom, Joe et Huck viennent de débarquer sur l'île Jackson pour y mener une vie de pirate.

1. Leur première tâche fut d'allumer un feu, près d'un gros tronc d'arbre, à la lisière de la forêt. Puis ils se firent griller du lard et mangèrent presque la moitié du pain au maïs qu'ils avaient apporté. Ils étaient fiers de festoyer en toute liberté sur une île déserte et encore inexplorée, loin des lieux fréquentés par les hommes, et déclarèrent renoncer à jamais à la vie civilisée. Les flammes éclairaient leurs visages et projetaient des lueurs rougeoyantes sur les troncs d'arbres et le feuillage des buissons environnants. La dernière tranche de lard avalée et les dernières miettes de pain englouties, les garçons s'allongèrent sur l'herbe, avec un soupir de satisfaction.

2. – Épatant, non ? dit Joe.
– Ah ! ça oui ! dit Tom. Je me demande ce que diraient les autres s'ils nous voyaient !
– Ce qu'ils diraient ? Mais ils mourraient d'envie d'être ici ! Pas vrai Hucky ?
– Je pense bien ! En tout cas, moi, ça me va. Je ne demande rien de plus.
– Pour moi, ajouta Tom, c'est la vie idéale ! Pas besoin de se lever de bonne heure, pas besoin d'aller à l'école, ni de se laver, ni rien de tout cela !
Huck demanda : « Dites donc, qu'est-ce qu'ils font exactement, les pirates ? »
– Oh ! ils n'ont pas le temps de s'ennuyer, répondit Tom. Ils attaquent des bateaux, ils les brûlent, tuent tout le monde à bord, volent tout l'argent et vont l'enterrer sur leur île dans des cachettes protégées par des fantômes.
– Et est-ce qu'ils ne portent pas des vêtements incroyables, tout couverts d'or, d'argent et de diamants ? demanda Joe, plein d'enthousiasme.
Huck jeta un regard piteux sur ses haillons.
– Je n'ai pas vraiment l'allure d'un pirate, dit-il avec une pointe de regret dans la voix. Désolé, mais je n'ai que ces vêtements-là.
Ses compagnons le rassurèrent : les beaux habits viendraient vite, dès qu'ils auraient commencé leurs aventures.

3. Peu à peu, la conversation ralentit, le sommeil les gagna. Ils auraient bien aimé s'endormir, mais leur conscience les maintenait éveillés, malgré eux. N'avaient-ils pas eu tort de s'enfuir ? Avaient-ils bien fait de prendre cette viande ? Ces questions leur torturaient l'esprit. Ils eurent beau se dire qu'ils avaient dérobé maintes et maintes fois des bonbons, au fond d'eux-mêmes, ils devaient bien admettre que prendre des bonbons, c'était juste du *chapardage* tandis que prendre du lard ou un jambon, c'était du *vol*. Et le vol, c'était interdit. Chacun prit intérieurement la résolution de ne plus rien voler, tant qu'ils seraient pirates. Leur conscience enfin au repos, ils s'endormirent paisiblement.

4. Quand Tom se réveilla le lendemain matin, il commença par se demander où il était. Il s'assit, se frotta les yeux et regarda autour de lui. Puis tout lui revint en mémoire. Le jour se levait à peine. Pas une feuille ne bougeait, aucun bruit ne venait troubler le profond silence de la forêt. Des gouttes de rosée brillaient sur l'herbe et sur les feuilles. Une fine pellicule de cendres blanches recouvrait le feu

et un mince filet de fumée bleue montait dans les airs. Joe et Huck dormaient encore. Tom réveilla ses deux camarades qui se levèrent aussitôt en poussant des cris de joie. En moins de deux minutes, ils s'étaient déshabillés et avaient plongé dans l'eau claire du fleuve. Aucun d'eux ne regrettait le village encore endormi que l'on apercevait sur l'autre rive. Pendant la nuit, leur radeau avait été emporté par le courant. Mais au lieu de les désoler, cette disparition réjouit les trois garçons au plus haut point : c'était pour eux comme si l'on avait coupé le dernier pont les reliant à la civilisation. Ils regagnèrent leur campement tout revigorés, le cœur joyeux et avec une faim de loup.

5. Bientôt, le feu flamba de nouveau. Huck avait découvert une source, non loin de là ; avec de grandes feuilles d'arbres, ils se confectionnèrent des gobelets dans lesquels ils burent une eau qui leur sembla être la meilleure au monde. Alors que Joe entreprenait de couper des tranches de lard pour le petit déjeuner, Tom et Huck lui demandèrent de les attendre un instant. Ils avaient repéré au bord de l'eau un endroit intéressant pour la pêche. Et en effet, avant même que Joe n'ait eu le temps de s'impatienter, ils étaient de retour avec assez de poissons pour nourrir une famille entière ! Ils les firent griller avec le lard. Jamais de leur vie ils n'avaient mangé de poissons aussi délicieux ! *(à suivre)*

☆☆ Lis *Les pirates* (2) puis réponds aux questions en entourant le numéro des paragraphes qui conviennent.

- Quels paragraphes racontent ce qui se passe la première nuit, après l'arrivée des garçons ?

n° 1 2 3 4 5

- Quels paragraphes racontent ce qui se passe le matin de leur première journée sur l'île ?

n° 1 2 3 4 5

- Quel paragraphe raconte ce qui se passe pendant leur petit déjeuner ?

n° 1 2 3 4 5

Entoure le nombre de bonnes réponses. 0 à 2 3 à 4 5 à 6

☆☆ Coche l'explication qui convient pour chaque phrase en bleu.

- *Ils déclarèrent renoncer à jamais à la vie civilisée.* (paragraphe 1)

☐ Ils resteront toute leur vie sur l'île déserte. ☐ Ils ne renonceront jamais à leur liberté.

- *Épatant, non ? dit Joe.* (paragraphe 2)

☐ Joe est très étonné. ☐ Joe est très content.

- *Je me demande ce que diraient les autres s'ils nous voyaient !* (paragraphe 2)

☐ Tom parle des gens du village. ☐ Tom parle d'autres pirates.

- *En tout cas, moi, ça me va. Je ne demande rien de plus.* (paragraphe 2)

☐ Huck est content de la situation dans laquelle il se trouve.

☐ Huck ne veut plus rien manger d'autre car il n'a plus faim.

- *Peu à peu, la conversation ralentit…* (paragraphe 3)

☐ Ils parlent de plus en plus lentement. ☐ Ils parlent de moins en moins.

- *...c'était pour eux comme si l'on avait coupé le dernier pont les reliant à la civilisation.* (paragraphe 4)

☐ Sans le radeau, ils ne peuvent plus retourner au village.
☐ Sans pont, ils ne peuvent pas regagner le village.

Entoure le nombre de bonnes réponses. 0 à 2 – 3 à 4 – 5 à 6

★★ Relis les paragraphes 2 et 3 puis réponds aux consignes.

- Souligne, dans le paragraphe 2, la phrase où Tom explique ce que font les vrais pirates.
- Souligne, dans le paragraphe 3, la phrase expliquant la résolution prise par les trois garçons pour arriver à s'endormir.
- Réponds à la question par « oui » ou « non » en t'aidant des deux phrases que tu as soulignées : Les garçons pourront-ils se comporter comme de vrais pirates sur l'île ? ....

Entoure le nombre de bonnes réponses. 0 – 1 à 2 – 3

★★★ Relis attentivement le paragraphe 3 puis coche le résumé qui correspond le mieux à ce passage. Barre les phrases qui ne conviennent pas dans les résumés que tu n'as pas cochés.

☐ Les trois garçons s'endorment mais ils se réveillent vite. Quelque chose les préoccupe : chacun se demande, en lui-même, s'il a eu raison de s'enfuir. Ils se demandent aussi s'ils ont bien fait de prendre des bonbons. Et s'ils n'ont pas commis un vol en prenant la viande. Pour pouvoir s'endormir paisiblement, ils décident tous ensemble de ne plus jamais rien voler.

☐ Les trois garçons ont sommeil mais ils n'arrivent pas à dormir. Quelque chose les tracasse : ils se demandent, en eux-mêmes, s'ils ont bien fait de partir. Ils se demandent aussi s'ils n'ont pas commis un vol en prenant la viande. Ils arrivent enfin à s'endormir après avoir pris la résolution de ne plus jamais voler de toute leur vie de pirate.

☐ Les trois garçons n'arrivent pas à dormir. Ils se posent beaucoup de questions. Ils se demandent s'ils ont eu raison de s'enfuir et s'ils ont bien fait de prendre la viande. L'un d'eux dit qu'ils ont déjà dérobé des bonbons. Mais un autre lui fait admettre que ce n'est pas la même chose. Prendre de la viande étant interdit, ils décident de ne plus jamais en manger.

Entoure le nombre de bonnes réponses. 0 à 2 – 3 à 5 – 6 à 7

★★★ Relis *Les pirates (2)* en entier puis, sans l'aide du texte, réponds aux questions avec les mots de la liste. Attention aux intrus !

de la peine – de la fierté – de l'ennui – de la joie – du remords – de l'impatience

- Quel sentiment éprouvent les trois garçons pendant leur premier repas sur une île déserte ? C'est ....
- Quel sentiment les empêche de s'endormir, le premier soir ? C'est ....
- Quel sentiment éprouvent Huck et Joe en se réveillant le lendemain ? C'est ....

Entoure le nombre de bonnes réponses. 0 – 1 à 2 – 3

Reporte tes résultats dans la grille de suivi.

28 Qui parle ?

Les pirates (3)

La première journée passée sur l'île Jackson a bien débuté pour Tom, Joe et Huck qui se sont régalés d'un copieux petit déjeuner.

1. Après avoir fait une sieste à l'ombre, les trois pirates partirent explorer la forêt, enjambant des troncs d'arbres abattus, se frayant avec peine un chemin à travers un enchevêtrement de buissons, cheminant entre des arbres majestueux recouverts de lianes. Ils étaient ravis de tout ce qu'ils voyaient, mais rien ne les étonnait vraiment. Ils découvrirent que leur île, longue de quatre ou cinq kilomètres, n'était qu'à deux cents mètres à peine de la rive opposée. L'après-midi touchait à sa fin lorsqu'ils regagnèrent le camp. Ayant bien trop faim pour se remettre à pêcher, ils se rabattirent sur le jambon. Puis ils s'installèrent à l'ombre pour discuter. Mais la conversation ne tarda pas à languir. Le calme pesant de la forêt, l'impression de solitude, commençaient à imprégner l'esprit des trois aventuriers. Chacun se plongea dans ses pensées. Un vague sentiment de tristesse s'empara d'eux. Ils commençaient à avoir la nostalgie du village. Ils se sentaient un peu honteux d'avoir de telles idées en tête, et aucun n'avait le courage d'exprimer à voix haute ce qu'il ressentait.

2. Le soir venu, les trois garçons retournèrent pêcher des poissons qu'ils mangèrent au dîner. Ils se demandaient ce qu'on pouvait bien dire d'eux, au village. Ils éprouvaient une certaine satisfaction à s'imaginer la détresse dans laquelle leur disparition avait sans doute plongé leur famille ou leurs amis. Mais lorsque la nuit tomba tout à fait, les pirates cessèrent peu à peu de parler, leurs yeux étaient rivés sur le feu et, à l'évidence, leurs pensées étaient ailleurs.

L'excitation des premiers instants avait disparu, Tom et Joe ne pouvaient s'empêcher de penser à leurs proches qui, contrairement à eux, ne devaient guère se réjouir de leur escapade. L'inquiétude et le doute grandirent en eux. Un soupir ou deux leur échappa. Timidement, voulant savoir ce que les autres en pensaient, Joe lança la conversation sur un éventuel retour à la civilisation. Oh ! pas tout de suite bien sûr, mais… Tom repoussa cette idée d'un ton sarcastique et Huck traita Joe de poule mouillée.

3. Le lendemain, après avoir consacré une grande partie de la journée à la pêche, la baignade et le jeu, les trois garçons, épuisés, allèrent se reposer un peu sur le sable. Chacun se replongea aussitôt dans ses pensées, les yeux fixés sur l'autre rive du fleuve, là où se tenait leur village, baignant dans la lumière du soleil. Tom, assis à l'écart des autres, se surprit à tracer dans le sable avec son orteil le prénom de son amie Becky. Il s'empressa de l'effacer et rejoignit ses amis.

4. Le moral de Joe était au plus bas, sa famille lui manquait tant qu'il en avait les larmes aux yeux. Huck n'allait guère mieux. Tom était découragé mais il s'efforçait de ne pas le montrer.
– Hé ! les gars, s'exclama-t-il d'un air enjoué, je parie que nous ne sommes pas les premiers pirates

sur cette île ! Il faut qu'on l'explore de nouveau. Il y a sûrement un trésor caché quelque part. Imaginez qu'on tombe sur un coffre rempli d'or et d'argent, hein ?
L'enthousiasme soulevé par la proposition de Tom fut de courte durée et aucun de ses amis n'eut envie de le suivre. Joe grattait le sable avec un bâton, d'un air morose. Il finit par dire :
– Allez, les gars, on laisse tomber. Je veux rentrer chez moi. On est trop seuls ici.
– Mais non, Joe, tu vas voir, ça va aller de mieux en mieux, répliqua Tom. Pense aux belles parties de pêche qu'on va faire ensemble !
– Je m'en fiche de la pêche. Je veux rentrer chez moi.
– Voyons Joe, je ne connais pas de meilleur endroit qu'ici pour la baignade !
– J'en ai marre d'aller me baigner. Et puis je crois bien que j'aime me baigner seulement si on m'interdit de le faire.
– Oh ! la la ! Bébé veut retourner voir sa maman !
– Eh bien oui ! Je veux retourner voir ma mère ! répliqua Joe en reniflant.
– C'est ça, laissons le pauvre petit bébé pleurnichard rentrer chez lui, puisque sa mère lui manque. Nous, on reste, pas vrai Huck ?
– Euh… oui, répondit Huck d'un ton hésitant.
– Je ne te parlerai plus jamais de ma vie ! lança Joe en se levant pour se rhabiller.
– Ça m'est égal, dit Tom. Allez va, rentre chez toi pour que tout le monde se moque bien de toi. Ah ! tu fais un sacré pirate ! Huck et moi, on n'est pas des bébés pleurnichards. Nous, on reste. Et on n'a pas besoin de toi pour le faire.

5. Tout en disant cela, Tom se sentait mal à l'aise. Ça l'ennuyait de voir Joe se rhabiller. Mais ce qui l'ennuyait plus encore, c'était de voir Huck suivre les préparatifs de Joe d'un air songeur. Ce n'était pas bon signe. Lorsque Joe commença à s'éloigner, le cœur de Tom se serra. Il jeta un regard à Huck qui, gêné, baissa les yeux et dit :
– Moi aussi je veux partir, Tom. On se sentait déjà un peu trop seuls ici. Mais maintenant, ça va être pire. Partons aussi, Tom.
– Certainement pas ! Allez-vous-en tous les deux si vous voulez, moi je reste !
Huck s'éloigna, le cœur gros. Tom le regarda partir, partagé entre son orgueil, qui l'obligeait à rester, et une terrible envie de suivre ses amis. Il espérait qu'ils rebrousseraient chemin, mais ils continuaient de s'éloigner lentement. À la fin, n'y tenant plus, Tom cria :
– Attendez ! Attendez !

D'après Mark Twain, *Les aventures de Tom Sawyer.*

★★ Lis chaque phrase en bleu et le paragraphe dans lequel elle se trouve. Puis coche ce que les personnages de l'histoire auraient pu dire ou penser.

Ils étaient ravis de tout ce qu'ils voyaient, mais rien ne les étonnait vraiment. (paragraphe 1)

☐ « Épatante cette forêt sauvage, mais elle ressemble à celle qui est près du village. »
☐ « Formidable, cette forêt sauvage ! Je n'en ai jamais vu de pareille ! »
☐ « Décevante, cette forêt sauvage ! On n'y voit rien d'intéressant ! »

Objectif 2 : Je comprends le sens d'une histoire.

…Tom et Joe ne pouvaient s'empêcher de penser à leurs proches qui, contrairement à eux, ne devaient guère se réjouir de leur escapade. (paragraphe 2)

☐ « Ah ! ils voudraient sûrement bien être à notre place ! »
☐ « Ils seront bien étonnés quand on leur racontera notre escapade ! »
☐ « Ils sont sans doute morts d'inquiétude depuis notre départ… »

Timidement, voulant savoir ce que les autres en pensaient, Joe lança la conversation sur un éventuel retour à la civilisation. Oh ! pas tout de suite bien sûr, mais… (paragraphe 2)

☐ « Moi, je retourne tout de suite au village. Qui veut me suivre ? » lança Joe.
☐ « Eh, les gars ! Et si d'ici quelques jours on retournait au village ? » proposa Joe.
☐ « Retourner tout de suite au village ? Sûrement pas ! » s'exclama Joe.

Chacun se replongea aussitôt dans ses pensées, les yeux fixés sur l'autre rive du fleuve, là où se tenait leur village… (paragraphe 3)

☐ « Ah, je ne suis pas prêt de retourner dans ce fichu village, ça non ! » songeaient-ils.
☐ « Je n'aurais jamais cru qu'on voyait si bien le village depuis l'île…» se disaient-ils.
☐ « Au fond, la vie n'était pas si mal, dans notre petit village… » pensaient-ils.

Ce n'était pas bon signe. (paragraphe 5)

☐ « Pourvu que Huck ne soit pas malade… » s'inquiétait Tom.
☐ « J'ai bien peur que Huck ait envie de partir, lui aussi… » songeait Tom.
☐ « Huck est comme moi, il est triste de voir Joe partir… » se disait Tom.

Entoure le nombre de bonnes réponses. 0 à 1 | 2 à 3 | 4 à 5

★★ Écris le numéro du paragraphe qui correspond au passage décrit et le nom du personnage qui le raconte.

- « Mes yeux se sont posés sur l'autre rive. En voyant notre village je me suis mis à penser à elle et machinalement j'ai écrit son nom sur le sable. Je l'ai aussitôt effacé avant que les autres ne s'en aperçoivent et je suis allé m'asseoir à côté d'eux pour me changer les idées. »
  Ce passage du paragraphe n°… est raconté par ………………. .
- « Ce soir, j'ai suggéré qu'on pourrait peut-être s'en aller. Je voulais savoir ce qu'ils en pensaient mais l'un s'est moqué de moi et l'autre m'a traité de lâche. »
  Ce passage du paragraphe n°… est raconté par ………………. .
- « Je voyais bien qu'ils n'avaient plus trop envie de rester… Moi-même, je me demandais si ça valait encore le coup. Mais je ne voulais surtout pas qu'ils s'en aperçoivent. Je leur ai proposé de retourner explorer l'île mais finalement, ils n'ont pas voulu. »
  Ce passage du paragraphe n°… est raconté par ………………. .
- « Quand il a dit qu'il partait, et que je l'ai vu se rhabiller, ça m'a vraiment donné envie de faire comme lui. J'ai d'abord hésité et puis j'ai dit que moi aussi, je partais. Ça me rendait triste mais je n'aurais pas supporté qu'on ne se retrouve qu'à deux sur l'île. »
  Ce passage du paragraphe n°… est raconté par ………………. .

Entoure le nombre de bonnes réponses. 0 à 1 | 2 à 3 | 4

Objectif 2 : Je comprends le sens d'une histoire.

☆☆ **Relis *Les pirates (3)* en entier puis coche le nom du ou des personnages qui conviennent. Attention, il peut y avoir plusieurs réponses !**

	 Joe	 Huck	 Tom
Il veut retourner voir sa mère.	☐	☐	☐
Ils souffrent de la solitude sur l'île déserte.	☐	☐	☐
Il souffrirait encore plus de la solitude sur l'île s'ils n'étaient plus que deux.	☐	☐	☐
Ils pensent sans arrêt à leur famille.	☐	☐	☐
Ça ne l'intéresse plus d'aller à la pêche.	☐	☐	☐
Il s'ennuie de son amie.	☐	☐	☐
La baignade ne l'intéresse que quand elle est interdite.	☐	☐	☐
Il est trop orgueilleux pour avouer qu'il a envie de partir.	☐	☐	☐

Entoure le nombre de bonnes réponses. 0 à 4 — 5 à 7 — 8 à 11

☆☆☆ **Sans l'aide du texte, écris le prénom du personnage qui résume l'histoire. Barre le résumé qui ne correspond à aucun personnage.**

- Moi, je serais bien resté, cette vie de pirate me convenait, même si je trouvais qu'on se sentait un peu seuls sur l'île. Mais quand l'un des copains a décidé de partir, j'ai commencé à douter. Et puis, quand j'ai réalisé qu'on ne serait plus que deux sur l'île, j'ai pris, un peu à regret, ma décision : moi aussi j'allais retourner au village.
  C'est le résumé de ....
- Ma famille me manquait et je commençais à en avoir assez de passer mes journées à pêcher et à me baigner. J'avais déjà essayé de proposer qu'on reparte mais ils s'étaient tous les deux moqués de moi. À la fin, j'en ai eu assez et j'ai décidé de partir quand même. C'est le résumé de ....
- Mes proches me manquaient et je trouvais qu'on se sentait un peu seuls sur cette île. Alors, quand l'un des copains a décidé de partir, j'ai proposé qu'on fasse la même chose, mais avant, je voulais qu'on cherche le trésor caché sur l'île. Ils n'ont pas voulu et je n'ai pas pu les retenir. C'est le cœur gros que je les ai vus s'éloigner sur le fleuve.
  C'est le résumé de ....
- Ma famille me manquait, mais pour rien au monde je ne l'aurais dit aux autres ! Je voulais continuer notre aventure sur l'île, même si je commençais à être un peu découragé. J'ai tout fait pour leur donner envie de rester et, quand ils ont commencé à s'éloigner, j'ai pensé qu'il suffisait de faire semblant de ne pas vouloir partir pour qu'ils changent d'avis, sans succès ! C'est le résumé de ....

Entoure le nombre de bonnes réponses. 0 à 1 — 2 à 3 — 4

Reporte tes résultats dans la grille de suivi.

29 Toute une aventure !

★★ **Relis *Les pirates* (1, 2 et 3) puis écris la réponse qui convient, sans l'aide du texte.**

Vrai V *Faux* F *L'histoire ne permet pas de le savoir.* ?

- Tom, Huck et Joe sont partis très loin du village pour mener une vie de pirate. ☐
- Tom se comporte comme le chef de la bande. ☐
- En retrouvant le radeau, leurs familles ont cru qu'ils s'étaient noyés. ☐
- Joe, Tom et Huck disent qu'ils sont contents d'être sur l'île alors qu'en vérité, ils s'ennuient tous les trois de leur village. ☐
- Plus le temps passe et plus ils sont heureux sur l'île. ☐
- Les trois garçons ont mené la vie de pirate dont ils rêvaient au début de leur aventure. ☐

Entoure le nombre de bonnes réponses. 0 à 2 – 3 à 4 – 5 à 6

★★★ **Recopie le titre qui résume le mieux chaque épisode de l'histoire. Attention aux intrus !**

Le radeau volé – La vie est belle sur l'île déserte ! – Où vivent les pirates ? – Les pirates s'ennuient – Qui a volé le jambon ? – En route pour l'aventure ! – De retour à la maison

- Les pirates (1) : ....
- Les pirates (2) : ....
- Les pirates (3) : ....

Entoure le nombre de bonnes réponses. 0 – 1 à 2 – 3

★★★ **Écris le prénom du personnage qui aurait pu dire ces phrases dans l'histoire. Attention, le même nom peut être utilisé plusieurs fois !**

Tom Huck Joe

- « Ah ! si seulement Becky pouvait me voir aux commandes du navire ! » se dit .... alors qu'ils passaient près du village.
- « Moi, j'ai hâte qu'on commence nos aventures pour avoir mes beaux habits de pirate ! » s'exclama .... en tirant sur ses haillons.
- « Quand on est lâche comme toi, on ne mérite pas de devenir pirate ! » s'exclama .... Tom et moi, on est de vrais pirates, alors on reste sur l'île ! »
- « Et puis chez ma mère, je ne suis pas obligé de manger du poisson tous les jours, comme ici ! » ajouta .... en reniflant.
- « Eh ! les gars, vous voulez que je vous raconte l'histoire de la Terreur des Mers ? Je l'ai lue tellement de fois que je la connais par cœur ! » proposa ....

Entoure le nombre de bonnes réponses. 0 à 1 – 2 à 3 – 4 à 5

Objectif 2 : Je comprends le sens d'une histoire.

★★★ **Lis les trois suites possibles de l'histoire et les phrases que pourrait dire Tom dans chacune d'elles. Écris le numéro de la bulle qui convient. Attention, il y a une bulle en trop !**

Suite A : *Tom, voyant ses amis partir, se précipite à leur poursuite en leur proposant un moyen astucieux pour quitter l'île tous ensemble, sans attendre.* Bulle n°…

Suite B : *Tom, désespéré de voir ses amis partir, tente de les retenir en les menaçant.* Bulle n°…

Suite C : *Tom, inquiet de se retrouver seul sur l'île, essaye de retenir ses amis en leur exposant son nouveau projet.* Bulle n°…

n° 1 Attendez ! Attendez ! J'ai une bien meilleure idée ! On cherche d'abord le trésor sur l'île et ensuite, on retourne au village couverts d'or et de bijoux !

n° 2 Attendez ! Attendez ! Je sais où trouver un tronc d'arbre assez gros pour traverser le fleuve tous les trois !

n° 3 Attendez ! Attendez ! Je vais vous accompagner jusqu'au fleuve pour vous regarder partir !

n° 4 Attendez ! Attendez ! Bande de lâches ! Si vous partez, je ne vous adresserai plus jamais la parole et je dirai à tout le monde que vous êtes des poules mouillées !

Entoure le nombre de bonnes réponses. 0 — 1 à 2 — 3

★★★ **Complète le résumé de l'histoire entière avec les mots de la liste qui conviennent, sans l'aide du texte. Attention, il y a des intrus dans la liste.**

construit – pirate – aube – Huck – loin – provisions – proche – satisfaction – Tom – enchantés – pêcher – s'approcher – s'éloigner – aventure – volé – baigner – Joe – progressivement – vite – manger – tristesse

Tom, Joe et Huck partent à l'......................... sur une île déserte .... de leur village pour y mener une vie de ....
Ils ont emporté avec eux des .... et ont ....
un radeau pour traverser le fleuve. Une fois arrivés sur l'île, ils passent leurs journées à ...., se .... dans le fleuve et .... du poisson grillé. Au début, ils sont .... de leur nouvelle vie de pirate, mais très ...., ils ressentent un sentiment de ....
et souffrent de la solitude sur l'île. C'est .... qui, le premier, prend la décision de partir. .... fait tout ce qu'il peut pour le retenir mais il n'y arrive pas et ...., à son tour, décide de s'en aller, le laissant seul sur l'île. Lorsqu'il les voit ...., il ne peut s'empêcher de rappeler ses amis.

Entoure le nombre de bonnes réponses. 0 à 5 — 6 à 10 — 11 à 15

Reporte tes résultats dans la grille de suivi.

Bien lire les documents

Objectif 1 *Je repère des informations dans un document.*

Objectif 2 *Je comprends et j'utilise les informations d'un document.*

Écris le prénom de chaque élève. Aide-toi de la liste des exposés et des documents qu'utilise chacune d'elles.

30 Tout est dans l'agenda !

L'agenda du week-end : culture et loisirs

VENDREDI

Cinéma

Salle Louis Lumière :
- 19 h : *Au pays des loups* (durée 1 h 45)

Salle Méliès :
- 17 h et 20 h 30 : *Jour de fermeture* (durée 2 h)

Piscine : 17 h - 20 h

Patinoire : fermée

Bibliothèque municipale
- Section adultes : 14 h - 19 h
- Section jeunes : 17 h - 19 h
- Médiathèque : 14 h - 18 h

Musées

Musée du costume : 14 h - 18 h
Musée du jouet : fermeture exceptionnelle

SAMEDI

Cinéma

Salle Louis Lumière :
- 14 h et 21 h : *Au pays des loups* (durée 1 h 45)
- 17 h : *Destination Mars* (durée 2 h 10)

Salle Méliès :
- 14 h et 17 h : *Jour de fermeture* (durée 2 h)
- 20 h : *Le vaisseau fantôme* (durée 2 h 30, interdit aux moins de 12 ans)

Piscine : 10 h - 20 h

Bibliothèque municipale
- Sections adultes et jeunes : 10 h - 18 h
- Médiathèque : 10 h - 12 h et 14 h - 18 h

Musées

Musée du costume : 10 h - 19 h
Visites guidées : 10 h, 14 h et 18 h
Musée du jouet : 9 h - 12 h et 15 h - 19 h

Patinoire : 11 h - 19 h

DIMANCHE

Cinéma

Salle Louis Lumière :
- 14 h et 20 h : *Destination Mars* (durée 2 h 10)
- 22 h : *Le vaisseau fantôme* (durée 2 h 30, interdit aux moins de 12 ans)

Salle Méliès :
- 10 h : *L'évasion* (durée 2 h 10)
- 15 h et 20 h 30 : *Le voleur de mémoire* (durée 2 h)

Piscine : 9 h - 12 h

Bibliothèque municipale
- Sections adultes et jeunes : fermées
- Médiathèque : fermée

Musées

Musée du costume : 10 h - 19 h
Visites guidées : 10 h, 14 h et 18 h
Musée du jouet : 14 h - 18 h

Patinoire : 13 h - 19 h

★ **Coche la réponse qui convient à l'aide du document.**

	Vrai	Faux
Dimanche, la piscine ouvre à 9 h et ferme à 12 h.	☐	☐
Le Musée du jouet ferme à 19 h samedi soir.	☐	☐
Au cinéma, vendredi, on peut voir le film *L'évasion*.	☐	☐
La médiathèque ouvre à 14 h dimanche.	☐	☐
Le film *Destination Mars* passe dans la salle Louis Lumière.	☐	☐
Il y a des visites guidées au Musée du costume.	☐	☐
Vendredi est le jour de fermeture de la salle Méliès.	☐	☐
Le film *Le voleur de mémoire* commence à 15 h et finit à 20 h 30.	☐	☐

Entoure le nombre de bonnes réponses. 0 à 2 — 3 à 5 — 6 à 8

Objectif 1 : Je repère des informations dans un document.

★ Coche la ou les bonnes réponses.

- Le film ☐ *L'évasion* ☐ *Le vaisseau fantôme* est interdit aux moins de 12 ans.
- Le Musée du jouet est ouvert ☐ vendredi ☐ samedi ☐ dimanche.
- On peut voir *Destination Mars* dimanche à ☐ 14 h ☐ 17 h ☐ 20 h ☐ 2 h 10.
- Il y a des visites guidées au Musée du costume ☐ vendredi ☐ samedi ☐ dimanche.
- Ces visites guidées ont lieu à ☐ 10 h ☐ 14 h ☐ 18 h ☐ 19 h.
- La patinoire est fermée ☐ vendredi matin ☐ vendredi après-midi ☐ samedi ☐ dimanche matin ☐ dimanche après-midi.

Entoure le nombre de bonnes réponses. 0 à 5 6 à 9 10 à 13

★★ Écris le numéro de la réponse qui convient.

n°1 : *Vrai* n°2 : *Faux* n°3 : *Le document ne permet pas de le savoir.*

- Vendredi, la section adultes de la bibliothèque ouvre avant la section jeunes. n° …
- La section jeunes de la bibliothèque est fermée samedi. n° …
- L'écran de la salle Méliès est plus grand que celui de la salle Louis Lumière. n° …
- Vendredi, le Musée du jouet est fermé pour cause de travaux. n° …
- La piscine ferme les trois jours à la même heure. n° …
- Dimanche, il y a quatre films différents au cinéma. n° …
- Le film *Au pays des loups* est plus long que *L'évasion*. n° …

Entoure le nombre de bonnes réponses. 0 à 2 3 à 5 6 à 7

★★ Complète le programme de Leslie avec le ou les horaires qui conviennent. Barre la ligne si ce n'est pas possible. Aide-toi du document p. 66.

PROGRAMME DU WEEK-END DE LESLIE		Horaire(s) possible(s)
VENDREDI	aller voir « Jour de fermeture »	....
	aller à la piscine avec Adèle	....
SAMEDI	matin : aller voir « Destination Mars »	....
	après-midi : passer à la médiathèque	....
	aller voir « Au pays des loups »	....
DIMANCHE	matin : emprunter un livre à la bibliothèque	....
	aller à la piscine	....
	après-midi : visite guidée au Musée du costume	....
	soir : aller voir « Le voleur de mémoire »	....

Entoure le nombre de bonnes réponses. 0 à 3 4 à 6 7 à 9

Reporte tes résultats dans la grille de suivi.

ARTE, À PARTIR DE LUNDI, 19 H 00 : *ANIMAUX SENTINELLES (SÉRIE)*

1 « Des chiens capables de "sentir" l'arrivée d'un séisme »

Lily
Lectrice du jour

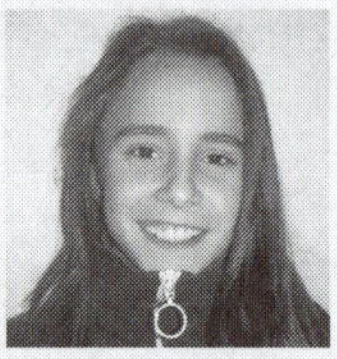

10 ans, en CM2
habite à Sens (89)

Mes favoris
- Film : Docteur Patch
- BD : la série « Lou »
- Magazine : « Julie »
- Chanteuse : Selena Gomez

3
Détecter (ici) : sentir.
Imminent : qui aura lieu dans un futur proche.
Magnétique (ici) : lié aux mouvements profonds du sol.
Anticiper (ici) : agir en prévision d'un événement.

Thierry Berrod a coréalisé cette série documentaire.

Idée. « C'est au Japon (Asie) que j'ai eu l'idée de faire un reportage sur les animaux utilisés pour détecter une pollution ou une catastrophe naturelle imminente. Je tournais un film sur l'intelligence des animaux lorsque j'ai rencontré un professeur qui travaillait sur les chiens capables de "sentir" l'arrivée d'un séisme. »

Comportement. « Ce professeur étudie les changements de comportement des chiens avant un tremblement de terre. Ils se mettent à gratter le sol avec leurs pattes, à mordre tout le monde... Ils détectent aussi les changements magnétiques du sol, 6 à 8 heures avant les machines. L'idée de ce savant est de créer des brigades de chiens pour anticiper ces catastrophes. »

© Mona Lisa Production

2 Le professeur Otha, ici, avec un chien capable de détecter un séisme. La Chine travaille depuis plus de 60 ans sur le même projet.

Éléphants. « En 2004, lors du tsunami qui avait touché le sud-est de l'Asie, le comportement étrange de certains éléphants avait alerté des touristes. »

Pollution « Certains animaux sont aussi étudiés pour percevoir une pollution. Par exemple, des savants analysent des vers de terre ou des grenouilles pour savoir si un milieu naturel est pollué. Aux États-Unis (Amérique), des poissons sont utilisés pour vérifier la qualité de l'eau. »

Entretien réalisé par I. Saint-Paul

? Comment s'appelle le mouvement des plaques à la surface de la Terre ?

La tectonique des plaques.

Mon Quotidien — PLAY BAC PRESSE — Groupe PLAY BAC Éditeur des Incollables

Play Bac Presse SARL*, 14 bis, rue des Minimes, 75140 Paris CEDEX 03. Tél. : 01 53 01 23 60

5 ABONNEMENTS : Mon Quotidien - BP 90006 - 59718 Lille Cedex 9
Tél. : 0825 093 393 (0,15 € TTC/min) - Fax : 03 20 12 11 12
MONQUOTIDIEN@CBA.FR

– **Dir. de la publication :** J. Saltet – **Dir. adj. de la publication :** M. Dyrszka
– **Réd. en chef :** F. Dufour – **Réd. en chef adjoint :** O. Gasselin
– **Réd. en chef technique :** V. Gerbet – **Secrétaire de rédaction :** R. Choisy
– **Rédaction :** S. Bordet (À la Une), C. Hallé (France), R. Choisy (Monde), I. Saint-Paul (Télé), M. Serre
– **Iconographe :** P. Espana – **Dessinateur :** Berth
– **Resp. pédagogique :** A. Corneloup – **Correctrice :** A.-L. Ladroyes
– **Rel. lecteurs :** Wolfgang - E-mail : monquotidien@playbac.fr
– **Fabrication/routage :** M. Letellier, S. Parot – **Abonnements :** M. Jalans, M. Dufau – **Créa. promo. :** J. Couzinet, N. Roudaut, R. Leblanc
– **Partenariats :** A.-L. Plantinga (01 53 01 24 57), C. Chanut (24 05)
CIC : 30066 10808 0001060100131 *gérant Jérôme Saltet.
Associés : Play Bac, Financières F. Dufour, G. Burrus, J Saltet.
Dépôt légal : novembre 1994. Commission paritaire : 0910C87062.
Imprimerie : Fécomme, Claye-Souilly. C. de direction : F. Dufour, J. Saltet, M. Dyrszka.
Loi n° 49-956 du 16 juillet 1949 sur les publications destinées à la jeunesse.

Objectif 1 : Je repère des informations dans un document.

31 L'exercice du journaliste

★ **Coche la ou les bonnes réponses à l'aide du document.**

- Le document provient d'un ☐ site Internet ☐ livre ☐ journal ☐ programme de télévision.
- Il s'agit d'un extrait de ☐ Télé-Web ☐ Mon Quotidien ☐ Animaux sentinelles.
- Il comporte ☐ un article ☐ un schéma ☐ une bande dessinée ☐ des photos.
- L'homme à côté du chien sur la photo est ☐ Thierry Berrod ☐ le professeur Otha.
- Lily est ☐ une jeune journaliste ☐ une lectrice du journal ☐ une élève de CM2.
- L'abonnement coûte ☐ 200 ☐ 80 ☐ 2 euros.

Entoure le nombre de bonnes réponses. 0 à 3 4 à 6 7 à 9

★★ **Complète avec les mots de la liste. Aide-toi du document. Attention aux intrus !**

Julie – numéros – États-Unis – Lou – imminent – Quotillon – cadeaux – Lily – Japon

- C'est au .... que Thierry Berrod a eu l'idée de faire son reportage.
- .... est le nom du héros de la bande dessinée de *Mon Quotidien*.
- .... est le nom de la bande dessinée préférée de Lily.
- « Qui aura lieu dans un futur proche » est la définition du mot ....
- .... est le magazine préféré de ....

Entoure le nombre de bonnes réponses. 0 à 2 3 à 4 5 à 6

★★ **Observe le document puis écris le numéro en bleu qui convient pour chaque définition.**

n° ...... **Lexique :** *encadré regroupant les mots difficiles d'un texte, avec leur définition.*

n° ...... **Légende :** *phrase accompagnant une image et permettant de l'expliquer.*

n° ...... **Titre :** *groupe de mots permettant de donner le sujet d'un article.*

n° ...... **Formulaire d'abonnement :** *encadré dans lequel on note les renseignements nécessaires pour s'abonner à un journal.*

n° ...... **Ours :** *nom donné à l'encadré contenant le nom du journal, de son rédacteur en chef, du directeur de la publication et de tous ses autres collaborateurs.*

Entoure le nombre de bonnes réponses. 0 à 1 2 à 3 4 à 5

Reporte tes résultats dans la grille de suivi.

Comment ne pas abuser de la télévision ?

La télévision est un moyen de communication qui permet de se distraire, de développer ses connaissances, de se tenir informé sur le monde ou d'enrichir son imaginaire. La quantité de chaînes et de programmes diffusés est suffisamment importante pour que chacun, petit ou grand, puisse trouver ce qui l'intéresse. Cependant, le risque est grand de passer trop de temps devant sa télévision, de s'isoler du monde extérieur ou de visionner des programmes inadaptés à son âge…

La télévision, un passe-temps pas si anodin

En France, les enfants passent en moyenne deux heures par jour devant la télévision, soit quatorze heures par semaine. Cette durée hebdomadaire a tendance à augmenter au fil des années, allant jusqu'à vingt-huit heures vers l'âge de 12 ans !
Pour certains, les programmes télévisés rythment la vie quotidienne : chaque jour, on prend « rendez-vous » avec ses émissions préférées. Ces moments peuvent être partagés en famille ou être l'occasion d'une pause durant laquelle on a plaisir à se retrouver seul, confortablement installé devant la télévision.
Toutefois, il faut veiller à ce que ces habitudes n'empêchent pas d'avoir d'autres activités et ne conduisent pas à l'isolement. On peut facilement être tenté de renoncer à une sortie pour ne pas manquer son feuilleton favori.
De plus, quand le téléviseur est allumé en permanence, comme c'est le cas dans de nombreux foyers, on prend le risque de se retrouver, malgré soi, face à des images violentes ou choquantes que l'on n'a pas du tout choisi de regarder. C'est d'autant plus grave si les téléspectateurs sont des enfants. À cause de la télévision, ceux-ci sont confrontés très jeunes à des images qui peuvent les traumatiser. Des chercheurs ont observé que 80 % du temps passé par les 4-10 ans devant le petit écran l'était pour regarder des émissions tout public dont le contenu n'est pas toujours adapté à leur âge.

Des précautions à prendre

Lorsqu'on va au cinéma, on choisit à l'avance un film et un horaire précis et, dès la fin de la séance, on quitte la salle. L'idéal serait d'en faire autant avec la télévision. Mais, même s'il a choisi à l'avance son programme, le téléspectateur a bien souvent la tentation de rester dans son canapé pour regarder ce qui suit. En effet, contrairement au cinéma dont l'écran reste vide à la fin du film, la télévision continue de diffuser des programmes.
Il peut donc être utile, voire indispensable, de se fixer des règles précises, comme limiter le temps passé devant la télévision. Car si personne ne nous oblige à éteindre le poste, on peut avoir du mal à le faire soi-même, que l'on soit enfant ou adulte !
Une autre solution consiste à prévoir systématiquement ce que l'on va faire après avoir regardé la télévision : faire une promenade à vélo, lire, aller voir des copains…
Si on a un projet, si on est attendu par d'autres, il sera plus facile d'abandonner l'écran.

Tant qu'elle reste un loisir, tant que l'on fait le choix de ce qu'on va y regarder, du moment où l'on va la regarder, mais aussi de celui où l'on va l'éteindre, la télévision constitue une source d'enrichissement ou de distraction. Toutefois, il ne faut pas oublier qu'une émission ne remplacera jamais le plaisir d'un jeu partagé avec des copains !

Objectif 2 : Je comprends et j'utilise les informations d'un document.

32 Vu à la télé !

★ **Lis chaque information puis indique si, selon le document, il s'agit d'un avantage ou d'un inconvénient de la télévision. Entoure la bonne réponse.**

- Renoncer à une sortie pour regarder son feuilleton. avantage / inconvénient
- Regarder, entre 4 et 10 ans, des émissions tout public. avantage / inconvénient
- Regarder la télévision pour se distraire. avantage / inconvénient
- Regarder des images qui passent en continu à la télévision. avantage / inconvénient
- Faire une pause en regardant seul la télévision. avantage / inconvénient
- Se tenir informé. avantage / inconvénient

Entoure le nombre de bonnes réponses. 0 à 2 3 à 4 5 à 6

★ **Coche ce que propose le document pour limiter les inconvénients de la télévision.**

- ☐ Aller au cinéma plutôt que regarder la télévision.
- ☐ Prévoir l'activité ou la sortie que l'on fera après avoir regardé la télévision.
- ☐ Réserver la télévision à ceux qui veulent se distraire ou développer leurs connaissances.
- ☐ Choisir à l'avance ce qu'on va regarder à la télévision.
- ☐ Limiter le temps que l'on va passer devant la télévision.
- ☐ Ne pas regarder la télévision chaque jour, à une heure précise.
- ☐ Veiller à avoir d'autres activités que la télévision.

Entoure le nombre de bonnes réponses. 0 à 1 2 à 3 4

★★ **Entoure le nom des téléspectateurs qui disent des choses justes à propos du document.**

- Yoko : « Le document explique que les enfants, vers l'âge de 12 ans, peuvent passer jusqu'à 28 heures par semaine devant la télévision. »
- Éléonore : « J'ai appris dans le document que 80 % des émissions regardées par les 4-10 ans ont un contenu inadapté à leur âge. »
- Cédric : « Le document propose de diminuer la quantité de chaînes et de programmes diffusés pour limiter le temps passé devant la télévision. »
- Malik : « Dans le document, il est dit que les adultes peuvent avoir autant de mal à éteindre la télévision que les enfants. »
- Laurine : « Le document explique qu'il faut faire attention quand on prend l'habitude de suivre les mêmes émissions tous les jours car on peut se retrouver seul à les regarder. »

Entoure le nombre de bonnes réponses. 0 1 2

Reporte tes résultats dans la grille de suivi.

TEST

ES-TU RESPECTUEUX DE CEUX QUI T'ENTOURENT ?

Comment te comportes-tu généralement vis-à-vis des autres et de ton environnement ? Plutôt respectueux(se), indifférent(e) ou égoïste ? Pour en avoir une idée, réponds aux questions de ce test en entourant la réponse qui te convient le mieux. Puis calcule ton score page 73.

1 Tu as cassé involontairement la règle qu'on t'avait prêtée. Comment réagis-tu ?

A Tu t'excuses et tu proposes d'échanger la règle cassée avec la tienne.

B Tu la remets discrètement dans la trousse de ton camarade, sans rien dire.

C Tu t'excuses et tu promets de faire attention la prochaine fois.

2 Un copain s'apprête à jeter son chewing-gum dans un parc. Que lui conseilles-tu ?

A « Enveloppe-le dans un papier en attendant de trouver une poubelle. »

B « Cache-le sous un caillou, pour ne pas polluer visuellement le paysage. »

C « Attends que le gardien du parc soit parti pour le jeter par terre ! »

3 Tu es chez un camarade, vous êtes en train de zapper devant la télévision. Ses parents arrivent et vous demandent d'arrêter. Quelle est ta réaction ?

A Tu trouves que ses parents exagèrent car ils ne le laissent pas libre de faire ce qu'il veut.

B Tu es aussi déçu(e) que lui mais tu lui proposes de faire un jeu de société à la place.

C Tu es désolé(e) pour lui mais tu préfères rentrer chez toi pour zapper tout(e) seul(e).

4 Tu trouves une canette vide dans la cour de l'école. Que fais-tu ?

A Tu tapes dedans en râlant contre ceux qui jettent leurs déchets par terre.

B Tu t'amuses à donner quelques coups de pied dedans puis tu continues ton chemin.

C Tu la mets à la poubelle en râlant contre ceux qui jettent leurs déchets par terre.

5 On te demande de baisser le son de ta musique dans ta chambre. Que fais-tu ?

A Tu es tellement agacé(e) que tu fais exprès d'augmenter le son.

B Tu t'excuses et tu baisses aussitôt le son.

C Tu es agacé(e) mais tu baisses un peu le son.

6 Quelqu'un te reproche d'avoir jeté ton trognon de pomme dans l'herbe. Que lui réponds-tu ?

A Tu lui expliques que ce n'est pas grave puisque ça nourrit les insectes.

B Tu lui expliques que ce n'est pas grave puisque tout le monde fait la même chose.

C Tu lui demandes de se mêler de ses affaires.

7 Vous n'êtes pas d'accord, tes amis et toi, sur le choix du jeu que vous allez faire ensemble. Comment réagis-tu ?

A Tu fais tout pour qu'on accepte ton idée de jeu.

B Tu les préviens que tu refuses de jouer si on choisit un autre jeu que le tien.

C Tu proposes de tirer au sort pour choisir le jeu que vous allez faire.

8 Le règlement de l'école interdit les jeux bruyants sous les fenêtres de la classe des CP car ils ne sortent pas en récréation en même temps que les CM2. Que fais-tu ?

A Tu l'oublies souvent et tu te fais punir à cause de cela.

B Tu joues toujours à l'autre bout de la cour, pour être sûr(e) de ne pas déranger les petits.

C Tu trouves ce règlement très pénible car il t'empêche de jouer librement dans la cour.

RÉSULTATS

Aide-toi du tableau pour compter le nombre de points correspondant à tes réponses. Calcule ton total puis découvre si tu respectes ceux qui t'entourent.

Tes scores

	Réponse A	Réponse B	Réponse C
Question n° 1	3	0	2
Question n° 2	3	2	0
Question n° 3	0	3	1
Question n° 4	1	0	3
Question n° 5	0	3	2
Question n° 6	2	0	0
Question n° 7	1	0	3
Question n° 8	1	3	0

Ton total : .... points

Si tu as obtenu...

+ de 16 points

Bravo ! Tu sembles être toujours prêt(e) à faire ce qu'il faut pour respecter le bien-être des autres, même si tu dois, pour cela, renoncer à tes envies. Tu sembles également avoir compris l'importance de respecter ton environnement et donc celui des autres. La lecture des documents *Pourquoi ne peut-on pas faire tout ce que l'on veut ?* (p. 74) et *Stop aux déchets !* (pp. 84-85) te donnera à coup sûr des arguments supplémentaires pour convaincre ton entourage d'agir comme toi !

de 10 à 16 points

Tu es capable d'avoir une attitude respectueuse vis-à-vis des autres mais à condition que cela ne te demande pas trop d'efforts. Tu sais bien que le respect des autres passe aussi par le respect de l'environnement qu'on partage avec eux, mais tu n'es pas toujours prêt(e) à adopter les bons gestes. En lisant le document *Stop aux déchets !* (pp. 84-85), tu trouveras quelques pistes simples pour respecter l'environnement. La lecture du document *Pourquoi ne peut-on pas faire tout ce que l'on veut ?* (p. 74) te permettra également de comprendre que, pour vivre en société, tu dois accepter des contraintes afin de préserver ton bien-être mais aussi celui de ceux qui t'entourent.

− de 10 points

Tu veux avant tout pouvoir faire ce dont tu as envie. Tu veux bien respecter ceux qui t'entourent mais à condition que cela n'empiète pas sur ta liberté. La lecture du document *Pourquoi ne peut-on pas faire tout ce que l'on veut ?* (p. 74) te permettra peut-être de comprendre que parfois, il faut savoir renoncer à ce que l'on veut faire par respect pour les autres, même si aucune règle ne nous y oblige. De même, en lisant le document *Stop aux déchets !* (pp. 84-85), tu te rendras compte qu'il est important de ne rien jeter par terre. En effet, le respect des autres passe aussi par le respect de l'environnement qu'on partage avec eux.

LA QUESTION DU JOUR

POURQUOI NE PEUT-ON PAS FAIRE TOUT CE QUE L'ON VEUT ?

Beaucoup d'enfants rêvent de pouvoir faire ce qu'ils veulent quand ils le veulent ! Mais ils en sont empêchés par les adultes qui leur interdisent de nombreuses choses. Est-ce qu'en agissant ainsi, ces derniers les privent de liberté ?

Des règles pour protéger les enfants

Il est vrai que les interdictions imposées aux enfants limitent leur liberté d'agir. Par exemple, ne pas être autorisé à manger n'importe quoi, à n'importe quel moment de la journée, peut être considéré comme une atteinte à la liberté : l'enfant ne fait pas ce dont il a envie, simplement parce qu'un adulte en a décidé ainsi.

Pourtant, avant de se révolter contre une interdiction, il est important d'en chercher la raison. Dans le cas de l'alimentation, il suffit de réfléchir aux conséquences sur la santé de l'enfant : si on l'autorisait à manger ce qu'il veut, quand il le veut, il pourrait en effet tomber malade ou avoir des problèmes de poids. Or, les parents ont le devoir de veiller sur la santé des enfants et, pour ce faire, de fixer des règles.

C'est la même chose pour le sommeil ou l'hygiène (ne pas se coucher tard, se laver) : là encore l'enfant, pour son bien, n'est pas libre de faire ce qu'il veut.

Les parents ont également le devoir de protéger leurs enfants du danger. Un grand nombre d'interdictions concernent donc leur sécurité, à la maison comme à l'extérieur : ne pas jouer au ballon sur la chaussée ou ne pas aller librement sur Internet par exemple.

Des règles pour respecter les autres

Ce qu'on a le droit de faire ou non ne concerne pas seulement le cadre de la famille.

Pour pouvoir vivre ensemble, il faut respecter les règles et les lois qui fixent ce qui est autorisé ou interdit dans la vie en société, que l'on soit enfant ou adulte.

Ces règles sont indispensables. Imagine un seul instant une ville dans laquelle le code de la route ne serait pas appliqué, où chacun serait libre de se servir dans les magasins sans payer, d'entrer chez les autres sans autorisation, d'aller à l'école ou au travail suivant ses envies !

Et, même quand aucune règle n'existe, il y a des cas où le bon sens et le respect de l'autre nous interdisent de faire certaines choses. On n'a pas le droit, par exemple, de jouer de la batterie au beau milieu de la nuit, car une loi interdit le tapage nocturne après 22 heures. Par contre, aucune loi n'interdit de le faire en plein jour mais, dans ce cas, tout dépend des circonstances :

si ton voisin travaille de nuit et se repose le matin, c'est probablement de toi-même que tu choisiras d'attendre pour jouer de la musique. Par respect pour ton voisin, tu ne feras pas ce que tu veux quand tu le veux mais plutôt quand ce sera le moins gênant pour lui.

Se limiter soi-même pour le bien-être de son entourage est un effort qui peut sembler difficile pour les très jeunes enfants. Mais lorsqu'on grandit, c'est faire preuve de maturité que d'accepter de renoncer à certaines envies pour ne pas déranger les autres.

Pour pouvoir vivre ensemble en harmonie, adultes et enfants doivent respecter des lois et des interdictions qui limitent leur liberté d'agir. Il ne faut pas les voir comme un mal tant qu'elles préservent notre santé, notre sécurité et le respect des autres et qu'elles ne gênent pas certaines libertés fondamentales, comme la liberté d'expression.

33 Quelle contrainte !

☆ **Lis le document puis écris pour chaque information le numéro de la réponse qui convient.**

1. C'est expliqué dans le document. 2. Ce n'est pas expliqué dans le document.

- Certaines interdictions des adultes concernent la santé ou la sécurité des enfants. n° …
- Autoriser un enfant à manger n'importe comment peut nuire à sa santé. n° …
- Pour être en bonne santé, les enfants doivent dormir au moins douze heures par nuit. n° …
- C'est pour leur sécurité que les parents interdisent aux enfants de sortir seuls la nuit. n° …
- Les enfants ne sont pas libres de faire ce qu'ils veulent en ce qui concerne leur alimentation, leur sommeil et leur hygiène. n° …
- Une loi interdit de faire du bruit le soir, à partir d'une certaine heure. n° …

Entoure le nombre de bonnes réponses. 0 à 2 3 à 4 5 à 6

☆☆ **Complète les informations avec les mots en bleu pour qu'elles soient justes par rapport au document.**

veiller – respecter – renoncer à – concerner – empêcher

- En grandissant, on est capable de …………………… une envie pour le bien des autres.
- Les règles limitant ce que l'on a le droit de faire peuvent …………………… la vie en famille et dans la société en général.
- Il arrive que l'on se limite soi-même pour …………………… son entourage.
- Les parents peuvent …………………… les enfants de faire ce qu'ils veulent dans le souci de …………………… sur leur santé.

Entoure le nombre de bonnes réponses. 0 à 1 2 à 3 4

☆☆ **Complète avec le titre du paragraphe qui convient. Aide-toi du document et du test *Es-tu respectueux de ceux qui t'entourent ?* (pp. 72-73).**

Des règles pour protéger les enfants — Des règles pour respecter les autres

- À la question 8 du test, Camille a coché la réponse C. Il faut lui conseiller de lire le paragraphe …………………………………………………… du document.
- À la question 3 du test, Félix a coché la réponse A. Il faut lui conseiller de lire le paragraphe …………………………………………………… du document.
- À la question 7 du test, Malika a coché la réponse B. Il faut lui conseiller de lire le paragraphe …………………………………………………… du document.

Entoure le nombre de bonnes réponses. 0 1 à 2 3

Reporte tes résultats dans la grille de suivi.

L'interview

À la rencontre d'un écrivain…

Sylvie Fournout est auteur de littérature jeunesse. Elle a écrit trois histoires pour *l'Atelier de Lecture* CM2. Nous l'avons interviewée pour en savoir plus sur son métier d'écrivain.

1 Est-ce la première fois que vous écrivez une histoire pour un manuel scolaire ?

Non, en 2004, j'avais déjà écrit un conte pour les Éditions Nathan. En 2011, le même éditeur m'a commandé une histoire se déroulant au Moyen Âge, pour *l'Atelier de Lecture* CM1 : j'ai imaginé un garçon qui rêve d'être chevalier comme son seigneur mais qui est bien trop peureux pour y parvenir. Enfin, la même année, j'ai écrit *Arthur et son nouvel ami* : un jeune garçon recueille un faucon blessé, le soigne et parvient à le dresser…

2 À quel âge avez-vous commencé à écrire ?

Dès que j'ai su tenir un crayon, j'ai écrit. Mes parents m'avaient acheté un cahier pour écrire des histoires que je remplissais le soir dans mon lit, avant de m'endormir. Plus tard, j'ai écrit des poèmes : quand j'avais 12 ans environ, un vieil oncle m'a proposé de les faire publier dans une revue qu'il connaissait ! Il m'a fait confiance et cela m'a encouragée !

3 Quand avez-vous publié votre premier livre ?

C'était en 1999, un album pour les petits. Je me souviens avoir trouvé un soir, sur mon répondeur, le message d'une éditrice qui me disait à propos de mon manuscrit « qu'on allait en faire un album » : je n'en croyais pas mes oreilles ! J'ai repassé dix fois de suite le message avant de réaliser ce qui m'arrivait !

4 Qu'est-ce qui vous a donné envie d'écrire pour les enfants ?

C'est grâce à mes enfants que j'ai commencé à écrire des comptines et des albums ! Comme beaucoup de mamans, j'inventais des chansons et des histoires pour eux : pour les faire rire, pour les bercer, pour les rassurer... Plus ils ont grandi, plus mes histoires ont grandi aussi. Je suis passée des albums pour les petits aux romans pour les grands !

5 Quand et où écrivez-vous ?

J'ai toujours un petit carnet avec moi au cas où des idées m'arriveraient à l'improviste… Je pense à mes histoires en me promenant, en faisant le marché, la cuisine, ou en ne faisant rien de spécial…

Puis, pour écrire, je m'enferme dans mon bureau, dans le silence. L'idéal, c'est quand j'ai 4 ou 5 heures devant moi. Là, je retrouve mes personnages qui ne me lâchent plus jusqu'à ce que j'aie écrit leur histoire. On vit l'aventure ensemble jusqu'au bout !

6 Comment trouvez-vous le sujet de vos livres ?

J'écoute et j'observe ce qui se passe autour de moi. Par exemple pendant cette interview, il y a des gens qui travaillent sur le toit d'en face. Je me dis : « Et si c'était des chevaliers à la recherche d'un trésor ? » Je suis aussi très attentive aux sentiments, aux envies, aux rêves, aux peurs des enfants. Pour moi, une bonne histoire permet au héros, et donc au lecteur, de vivre des émotions. Enfin, il y a des convictions que j'ai envie de faire passer aux lecteurs : l'importance de « suivre son rêve », « de se battre pour sa liberté », « de ne pas avoir peur de grandir ».

7 Vous êtes l'auteur de la bande dessinée *Bilboc et Tania*. Est-ce également vous qui avez fait les dessins ?
Non, c'est une illustratrice, dont c'est le métier. Moi, j'ai imaginé l'histoire et les héros, puis j'ai dessiné des cases sur une feuille blanche. Sous chacune, j'ai marqué ce que faisaient les personnages, où et quand ça se passait. À l'intérieur, j'ai tracé des bulles où j'ai écrit les dialogues. L'illustratrice a inventé les visages, les lieux, choisi les couleurs… Quand l'éditrice m'a envoyé le résultat, quel plaisir de voir l'aventure en images !

8 Vous avez travaillé avec deux compagnies de théâtre. En quoi consistait votre travail ?
C'est très différent de l'écriture d'un livre. On construit la pièce à plusieurs. Au départ, je travaille avec la metteuse en scène sur l'histoire que nous avons envie de raconter. Puis j'écris et nous travaillons avec les comédiens qui ont leur mot à dire sur ce qu'ils vont jouer. Je récris ensuite à partir de tout cela. Pendant les répétitions, parfois, on se rend compte que des gestes expriment suffisamment bien une émotion entre des personnages. Alors, on coupe le texte qui est en trop.

9 Quels conseils donneriez-vous à un enfant qui veut devenir écrivain ?
Commence tout de suite ! Écris partout, sur des morceaux de papier, sur la buée des vitres pendant un long voyage. Lis, regarde des peintures, écoute de la musique. Laisse de la place à tes émotions, à tes rêves. Invente des histoires avec tes copains. Lance-toi sans te demander si ce que tu écris est réussi ou non. Ton imagination fera le reste !

Zoom sur…

Naïra est une jeune bergère du désert qui n'a jamais quitté son village. Elle décide d'aider un garçon qui tente d'échapper à de mystérieux et terribles cavaliers noirs. Découvrant peu à peu qui est vraiment ce jeune homme, Naïra est entraînée dans une aventure qui la mènera bien loin de sa terre, dans un combat pour la liberté, la justice et l'amour.

Notre sélection

Sylvie Fournout a écrit de nombreuses histoires. En voici une sélection, pour tous les goûts et tous les âges !

ALBUMS

- *Feu Follet est très pressé*, 2007, Éd. Père-Castor-Flammarion (à partir de 4 ans)
- *Comptines des petites bêtes*, 2003, Éd. Bayard (à partir de 3 ans)
- *Ourson dans la lune*, 2000, Éd. Père-Castor-Flammarion (à partir de 3 ans)
- *Cadabou Bam Boum Badaboum*, 1999, Éd. Père-Castor-Flammarion (à partir de 3 ans)

BANDES DESSINÉES

- *Bilboc et Tania*, illustrations Claire Le Grand, Éd. Flammarion (à partir de 6 ans) :
  n° 1, *Un duo de choc* (2001)
  n° 2, *Le fantôme du château* (2001)
  n° 3, *La fille de la photo* (2002)

ROMANS

- *Naïra et les cavaliers noirs*, 2009, Éd. Le Seuil Jeunesse (à partir de 10 ans)
- *Vol au club*, 2004, Éd. Milan Presse, Coll. « Tout-à-lire » (à partir de 9 ans)

THÉÂTRE

Compagnie « Théâtre du Shabano » :
Contes et murmures du Grand Tambour, 2010-2011 (contes de sagesse)
Wayra et le Sorcier de la grande Montagne, 2008 (conte d'Amérique du Sud)
Inti et le grand condor, 2007 (conte d'Amérique du Sud)
Compagnie « Marizibill » :
Isidore et la Plume bleue, 2008 (conte)

… SANS OUBLIER LES HISTOIRES ÉCRITES POUR DES MANUELS SCOLAIRES !

- *Grégoire, chevalier malgré lui*, 2011, récit paru dans *l'Atelier de Lecture*, CM1, Éd. Nathan
- *Arthur et son nouvel ami*, 2011, album paru dans la collection *Un monde à lire*, CP, Éd. Nathan
- *Bleu-Nuit*, 2004, conte paru dans *Super Gafi, Lectures*, CE1, Éd. Nathan

34 Le détail de l'interview

☆☆ Lis l'interview (pp. 76-77) puis écris le numéro de la question qui convient.

Sylvie Fournout explique…	… dans la réponse à la question
◆ … qu'elle a publié son premier livre en 1999.	n° …
◆ … qu'elle s'enferme dans son bureau pour écrire.	n° …
◆ … qu'elle a publié ses poèmes dans une revue, grâce à son oncle.	n° …
◆ … que quand elle était petite, elle écrivait des histoires.	n° …
◆ … que quand ses enfants étaient petits, elle leur inventait des histoires.	n° …
◆ … que c'est une illustratrice qui a fait les dessins de sa bande dessinée.	n° …

Entoure le nombre de bonnes réponses. 0 à 2 — 3 à 4 — 5 à 6

☆☆ Entoure la réponse qui convient en t'aidant de la rubrique *Notre Sélection* (p. 77). Barre la ligne si le document ne permet pas de répondre.

◆ *Comptines des petites bêtes* a été publié en 2003 aux Éditions Bayard.	Vrai / Faux
◆ *Ourson dans la lune* est un roman.	Vrai / Faux
◆ *Isidore et la Plume bleue* est un conte pour les petits.	Vrai / Faux
◆ *Inti et le grand condor* est un spectacle de la compagnie Marizibill.	Vrai / Faux
◆ *Grégoire, chevalier malgré lui* est paru dans *l'Atelier de Lecture* CM2.	Vrai / Faux
◆ *Pablo, roi des coquillages* est le titre d'une nouvelle écrite par Sylvie Fournout pour les adultes.	Vrai / Faux

Entoure le nombre de bonnes réponses. 0 à 2 — 3 à 4 — 5 à 6

☆☆☆ Écris dans quelle partie du document se trouve chaque information.

L'interview — *Zoom sur…* — *Notre sélection*

◆ On peut lire *Naïra et les cavaliers noirs* à partir de 10 ans.	…………………………
◆ *Naïra et les cavaliers noirs* raconte l'histoire d'une bergère du désert.	…………………………
◆ Un garçon recueille un faucon blessé dans *Arthur et son nouvel ami.*	…………………………
◆ Il y a trois épisodes dans la bande dessinée *Bilboc et Tania.*	…………………………
◆ *Feu Follet est très pressé* est un album.	…………………………
◆ Naïra a les cheveux longs et noirs.	…………………………

Entoure le nombre de bonnes réponses. 0 à 2 — 3 à 4 — 5 à 6

Reporte tes résultats dans la grille de suivi.

Objectif 2 : Je comprends et j'utilise les informations d'un document.

35 L'interview à compléter

☆☆ **Écris le titre du livre auquel correspond chaque phrase.**
Aide-toi du document pp. 76-77. Attention, il y a un titre intrus !

Grégoire, chevalier malgré lui — *Bleu-Nuit*
Naïra et les cavaliers noirs — *Arthur et son nouvel ami*

- Dans ...., le héros est peureux.
- Dans ...., un jeune homme entraîne une jeune fille dans son aventure.
- Dans ...., un garçon soigne et dresse un oiseau.

Entoure le nombre de bonnes réponses. 0 — 1 à 2 — 3

☆☆ **Lis ces réponses supplémentaires de Sylvie Fournout puis écris à quel endroit de l'interview on pourrait les ajouter.**

- « Je les écrivais phonétiquement car j'étais trop petite pour être sûre de l'orthographe. » complète la réponse à la question n°…
- « Participe à des concours d'écriture ! » complète la réponse à la question n°…
- « Dans mes poèmes, j'inventais des mots parce qu'il n'en existait pas pour dire ce que je voulais exprimer. Cela avait étonné mon oncle ! » complète la réponse à la question n°…
- « Et surtout, je coupe le téléphone, pour ne pas être dérangée ! » complète la réponse à la question n°…

Entoure le nombre de bonnes réponses. 0 à 1 — 2 à 3 — 4

☆☆☆ **Complète chacune des réponses de Sylvie Fournout à l'aide de la rubrique *Notre Sélection*, p. 77.**

1 « Non, en 2004, j'avais déjà écrit un conte pour les Éditions Nathan dont le titre était .... »

1 « En 2011, le même éditeur m'a commandé une histoire se déroulant au Moyen Âge, pour l'*Atelier de Lecture* CM1, dont le titre était .... »

1 « Enfin, la même année, j'ai écrit *Arthur et son nouvel ami*, qui est paru dans la collection .... »

3 « C'était en 1999, un album pour les petits dont le titre était .... »

7 « Non, c'est une illustratrice qui s'appelle .... »

Entoure le nombre de bonnes réponses. 0 à 1 — 2 à 3 — 4 à 5

Reporte tes résultats dans la grille de suivi.

BIEN LIRE LES DOCUMENTS

Léonard de Vinci, génie de la Renaissance

La Joconde est le tableau le plus célèbre au monde : il a été peint par un artiste italien de la Renaissance, Léonard de Vinci.

La Joconde, peinture sur bois (peinte vers 1503-1506)

Les années d'apprentissage

Né au XVe siècle dans le petit village de Vinci, Léonard, dès son plus jeune âge, se passionne pour la nature et passe beaucoup de temps à dessiner des animaux et des plantes.

À l'âge de 14 ans, il entre comme apprenti dans l'atelier d'Andréa del Verrocchio, un célèbre peintre, sculpteur et ingénieur. Il y apprend la peinture, la sculpture et devient très vite l'un des élèves les plus doués de l'atelier. Lorsqu'il quitte son maître, à l'âge de 26 ans, Léonard de Vinci a déjà acquis une belle réputation d'artiste peintre. Mais la peinture n'est pas son seul talent. Comme beaucoup d'artistes de la Renaissance, Léonard de Vinci a également une formation d'ingénieur, de mathématicien, de musicien, de **botaniste*** et d'architecte. Il se passionne également pour l'**anatomie*** humaine et animale.

Au service du duc de Milan

Vers l'âge de 30 ans, il entre au service du duc Ludovic Sforza, qui l'emploie comme peintre et ingénieur, à Milan. Il lui demande de créer des décors et des costumes pour les fêtes qu'il organise. Parmi les projets qui lui sont confiés, il en est un qui l'occupera pendant une dizaine d'années : la réalisation d'une **sculpture équestre*** monumentale. Prévue en bronze, haute de plus de 7 mètres, elle aurait dû peser une centaine de tonnes ! Mais elle ne verra finalement jamais le jour !

Léonard de Vinci n'oublie pas la peinture : il réalise beaucoup de portraits et, en 1495, il commence à peindre pour le réfectoire d'un couvent une immense **fresque*** de 8 mètres 80 de long, *La Cène*. Cette œuvre, à laquelle il travaillera pendant trois ans, l'a rendu célèbre dans toute l'Europe à son époque.

LEXIQUE

- → **anatomie** : étude scientifique des organes du corps humain ou animal.
- → **botaniste** : personne qui étudie les végétaux.
- → **fresque** : peinture de grande dimension réalisée directement sur un mur.
- → **sculpture équestre** : sculpture représentant un personnage à cheval.

LÉONARD DE VINCI EN QUELQUES DATES

1450 — 1460 — 1470 — 1480 — 1490

- **1452** Naissance à Vinci (Italie) le 15 avril
- **1466** Début de son apprentissage à Florence
- **1482** Entrée au service du duc de Milan

BIEN LIRE LES DOCUMENTS

)bserve l'écriture
le Léonard de Vinci.
llisible ? Non ! Pour la lire, il suffit le la regarder dans un miroir. .'artiste, qui était gaucher, écrivait à l'envers, de droite à gauche ; on suppose qu'il procédait ainsi pour éviter de passer sa main sur l'encre qui n'avait pas encore eu le temps de sécher, au fur et à mesure qu'il écrivait.

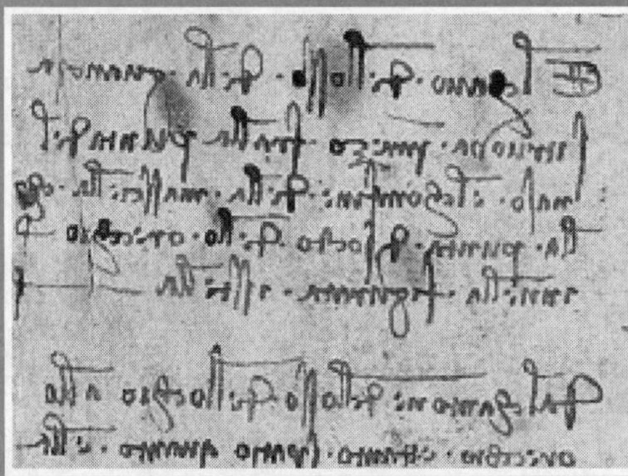

OÙ PEUT-ON VOIR LES ŒUVRES DE LÉONARD DE VINCI EN FRANCE ?

Le **Musée du Louvre** à Paris abrite la célèbre *Joconde* ainsi que plusieurs autres tableaux du peintre italien.

À visiter également, à Amboise, **le Clos Lucé**, dernière demeure de l'artiste. On peut y voir de nombreuses maquettes réalisées à partir des inventions de Léonard de Vinci comme son « char d'assaut », par exemple.

Un inventeur de génie

Au cours des dix-sept années passées au service du duc de Milan, Léonard de Vinci consacre beaucoup de temps à inventer de nouveaux engins de guerre, à créer des ponts, des écluses, mais aussi à imaginer toutes sortes de machines incroyables !

Après avoir quitté Milan, il se rend à Mantoue, Venise puis Florence. C'est là qu'il débute, à partir de 1503, le portrait de l'épouse d'un riche marchand, Mona Lisa, plus connue sous le nom de *la Joconde*.

À cette même époque, il étudie de manière approfondie le vol des oiseaux : il espère trouver le moyen de construire une machine permettant à l'homme de voler. Dans ses carnets de dessins, on trouve de très nombreux projets de machines volantes ; une passion à laquelle il consacrera 25 ans de sa vie !

Léonard de Vinci a imaginé cette machine de guerre munie de roues et de petits canons qui est l'ancêtre du char d'assaut.

À la cour du roi de France

En 1516, François 1er, tout jeune roi de France, offre au génie italien, à qui il porte une grande admiration, un manoir situé près du Château d'Amboise : « Tu seras libre, ici, de rêver, de penser et de travailler. »

Léonard de Vinci, alors âgé de 64 ans, s'installe donc en France. Il est nommé « premier peintre, ingénieur et architecte du roi » et reçoit une pension de 1 000 écus d'or par an.

C'est dans ce manoir que l'artiste vivra jusqu'à la fin de sa vie.

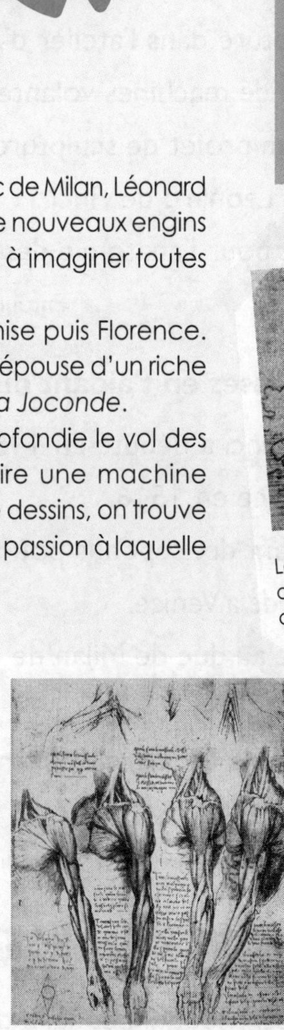

Passionné par le fonctionnement du corps humain, il réalise beaucoup de dessins d'anatomie.

Il réalise de nombreux croquis de machines volantes.

1500 — 1510 — 1520

- **1495** Il commence *La Cène* (achevée en 1498)
- **1503** Il commence *La Joconde*
- **1515** Début du règne de François 1er (1515-1547)
- **1516** Installation en France, au Clos Lucé
- **1519** Mort au Clos Lucé (le 2 mai)

BIEN LIRE LES DOCUMENTS

Objectif 1 : Je repère des informations dans un document.

36 Questions de génie !

Lis le document pp. 80-81 puis écris le numéro du paragraphe dans lequel se trouve chaque information.

n° 1 : *Les années d'apprentissage* — n° 2 : *Au service du duc de Milan*
n° 3 : *Un inventeur de génie* — n° 4 : *À la cour du roi de France*

- Léonard de Vinci est né au XVe siècle. n°…
- Il a étudié de manière approfondie le vol des oiseaux. n°…
- Il a appris la peinture et la sculpture dans l'atelier d'Andréa del Verrocchio. n°…
- Il y a de très nombreux projets de machines volantes dans ses carnets de dessins. n°…
- Il a travaillé pendant dix ans à un projet de sculpture équestre monumentale. n°…
- François 1er admirait beaucoup Léonard de Vinci. n°…
- Léonard de Vinci se passionnait pour l'anatomie des hommes et des animaux. n°…

Entoure le nombre de bonnes réponses. 0 à 2 — 3 à 5 — 6 à 7

Barre les informations fausses en t'aidant du document.

- L'apprentissage de Léonard de Vinci a débuté en 1466.
- François 1er s'installe au Clos Lucé en 1516.
- Léonard de Vinci travaille pendant dix-sept ans pour le duc de Milan.
- Il commence à peindre *La Joconde* à Venise.
- Vers l'âge de 30 ans, il demande au duc de Milan de créer des décors et des costumes.
- *La Joconde* est une peinture sur bois.
- Au Louvre, il n'y a qu'un tableau de Léonard de Vinci : *La Joconde*.
- François 1er a été roi de France de 1515 à 1547.

Entoure le nombre de bonnes réponses. 0 à 1 — 2 à 3 — 4

Complète la réponse à chaque question en t'aidant du document.

- Comment s'appelle le manoir dans lequel Léonard de Vinci a vécu jusqu'à la fin de sa vie ?
  C'est le …………………… .
- Quelle œuvre l'a rendu célèbre en Europe, à son époque ? C'est La …………………… .
- Dans quelle ville d'Italie a-t-il fait son apprentissage ? C'est à …………………… .
- Quel est le nom d'une peinture de grande dimension peinte directement sur un mur ?
  C'est une …………………… .
- Dans quelle ville peut-on voir des maquettes des inventions de Léonard de Vinci ?
  C'est à …………………… .

Entoure le nombre de bonnes réponses. 0 à 1 — 2 à 3 — 4 à 5

Reporte tes résultats dans la grille de suivi.

Objectif 2 : Je comprends et j'utilise les informations d'un document.

37 Tout sur Léonard !

★★ Complète chaque information avec la date qui convient comme dans l'exemple.

- Il entre dans l'atelier d'Andréa del Verrocchio en 1466 .
- Il peint le portrait de Mona Lisa entre .... et ....
- Il peint une fresque dans un couvent entre .... et ....
- Il est employé comme peintre et ingénieur à Milan en ....
- Il vivra en France jusqu'en ....
- Le roi qui l'a fait venir en France a régné de .... à ....

Entoure le nombre de bonnes réponses. 0 à 1 — 2 à 3 — 4 à 5

★★ Barre les questions auxquelles le document ne permet pas de répondre.

- Pourquoi Léonard de Vinci a-t-il quitté son maître, à l'âge de 26 ans ?
- Combien de temps est-il resté à Mantoue et Venise ?
- Pourquoi sa sculpture équestre monumentale n'a-t-elle finalement jamais vu le jour ?
- Qui lui a dit, en 1516 : « Tu seras libre, ici, de rêver, de penser et de travailler » ?
- Était-il payé pour travailler comme peintre, ingénieur et architecte du roi François 1er ?
- Comment fonctionnait la machine de guerre que l'on voit sur le dessin p. 81 ?
- A-t-il fait une maquette de la machine volante représentée sur le dessin p. 81 ?

Entoure le nombre de bonnes réponses. 0 à 1 — 2 à 3 — 4 à 5

★★★ Lis ces informations supplémentaires sur Léonard de Vinci puis coche la partie du document où l'on pourrait les ajouter.

En 1490, une grande fête, « Le Bal des planètes », est organisée : Léonard crée pour cette occasion des machineries féeriques.

- ☐ Les années d'apprentissage
- ☐ Au service du duc de Milan
- ☐ À la cour du roi de France

À cette époque, c'est en effet à Amboise, au bord de la Loire, que se trouve la résidence royale.

- ☐ Au service du duc de Milan
- ☐ Un inventeur de génie
- ☐ À la cour du roi de France

Le vieil artiste accepte la proposition et arrive à dos de mulet au château de Cloux, près d'Amboise, appelé aujourd'hui le Clos Lucé.

- ☐ Au service du duc de Milan
- ☐ Un inventeur de génie
- ☐ À la cour du roi de France

Entoure le nombre de bonnes réponses. 0 — 1 à 2 — 3

Reporte tes résultats dans la grille de suivi.

BIEN LIRE LES DOCUMENTS

STOP aux déchets !

En France, chaque habitant produit environ 400 kg de déchets par an : c'est deux fois plus qu'en 1960 ! Cela signifie que chaque Français jette en moyenne un peu plus d'1kg de déchets par jour !

Autrefois, du temps de tes arrière-grands-parents, on en produisait beaucoup moins. Chacun possédait bien moins de choses et surtout, on évitait de jeter et de gaspiller : on réparait les outils cassés ou abîmés, on réutilisait les récipients vides, on recousait les vêtements troués et, quand il n'était vraiment plus possible de les raccommoder, on les découpait pour en faire des chiffons.

Aujourd'hui, on emploie une grande quantité de produits à usage unique qui remplissent nos poubelles : mouchoirs, vaisselle ou stylos jetables, emballages de produits alimentaires...

La production de déchets varie beaucoup d'un pays à l'autre : 900 kg par an pour un Américain contre 170 kg pour un Sénégalais habitant une grande ville ! Selon leur richesse et leur mode de vie, les hommes ont des attitudes différentes vis-à-vis de leurs déchets.

Des déchets envahissants

La durée de vie d'un déchet est variable : cela dépend de sa composition, de sa taille mais aussi de la température et du taux d'humidité du sol sur lequel il se trouve. Si tu avais la mauvaise idée de jeter les déchets suivants dans la nature, voici le temps qu'ils mettraient à disparaître.

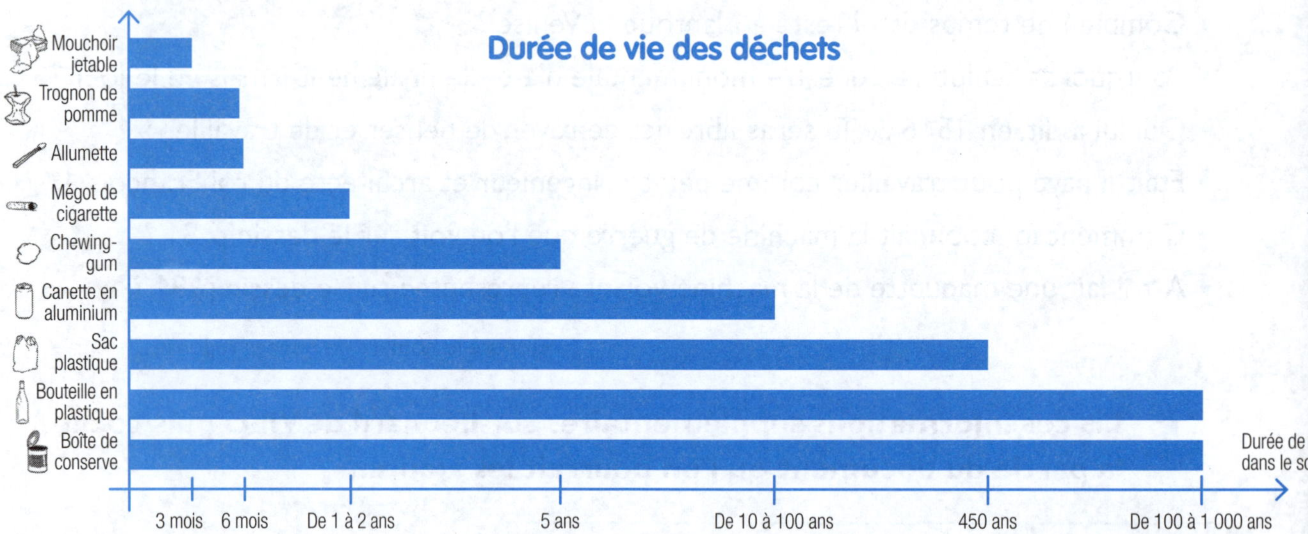

Tous les types de déchets jetés dans la nature ne présentent pas les mêmes inconvénients : un trognon de pomme ou une peau de banane laissés par terre nourriront le sol en se décomposant et pourront peut-être faire le régal d'un animal ! Ces déchets ne sont pas dangereux pour l'environnement mais le temps qu'ils se dégradent ou soient avalés, leur présence dans la nature peut constituer une pollution visuelle qui suffit à gâcher la beauté d'un coin de verdure. D'autres déchets, par contre, sont un véritable danger : une petite pile au mercure peut à elle seule polluer 1m^3 de terre !

Les sacs plastique, même si leur utilisation est limitée dans les magasins depuis 2005, constituent encore un véritable fléau pour la nature : on en retrouve partout, dans les arbres, au bord des routes et même au fond des océans où ils provoquent la mort par étouffement d'animaux marins tels que les tortues ou les dauphins.

UN BON CONSEIL !

Ne jamais rien jeter par terre est une façon simple de respecter son environnement et celui des autres !

Si le plastique avait existé à son époque, un sac jeté dans la nature par Léonard de Vinci n'aurait complètement disparu qu'à notre époque !

Une solution : le recyclage

Pour remédier au problème des déchets, des actions sont mises en place, comme le recyclage. Cela consiste à transformer des déchets pour créer d'autres produits : une façon astucieuse de donner une nouvelle vie à ce que l'on jette à la poubelle !

LE SAIS-TU ?

On peut fabriquer un vélo avec 670 canettes en aluminium et un pull en laine polaire avec 27 bouteilles en plastique.

Il faut 1 brique alimentaire pour faire un paquet de 10 mouchoirs jetables.

Les **bouteilles en plastique**, selon leur composition, sont recyclées en **rembourrage de couettes**, en **tuyaux**, en **sièges auto pour enfants** ou en **bidons de produits d'entretien**.

Les **briques alimentaires** sont réutilisées pour faire des **mouchoirs** ou des **nappes jetables** mais aussi des **enveloppes** et du **papier toilette**.

Les **canettes en aluminium**, broyées et fondues, servent à la fabrication d'**outils**, de **chaises** ou encore de **radiateurs**.

Les **boîtes de conserve** en acier, une fois fondues, sont utilisées pour fabriquer des **casseroles**, des **pièces de monnaie**, des **trombones**, des **clés**…

Les **bouteilles en verre** peuvent se recycler à l'infini pour fabriquer d'autres **bouteilles**.

Et toi, que peux-tu faire ?

Chacun peut agir pour limiter sa quantité de déchets.
Voici quelques idées faciles à appliquer au quotidien :

- Avant de jeter un emballage, demande-toi s'il ne pourrait pas te servir à autre chose : tu peux réutiliser du carton pour dessiner ou bricoler, un pot de verre pour ranger tes crayons.
- Prends l'habitude de toujours utiliser les deux côtés d'une feuille de papier.
- Tu as grandi, tes vêtements sont devenus trop petits, certains jeux ou jouets ne t'intéressent plus ? S'ils sont encore en bon état, donne-les, plutôt que de les jeter ! Tu peux aussi les vendre en participant à un vide-grenier.
- Tu veux faire de la place dans ta bibliothèque ou bien tu ne veux plus garder les livres que tu lisais quand tu étais petit ? S'ils ne sont pas abîmés, offre-les à une école maternelle, à la bibliothèque ou encore à un petit enfant de ton entourage. Tu feras plaisir à d'autres lecteurs !
- Surtout, ne jette jamais rien dans la rue ou dans la nature. Utilise les poubelles et, si tu n'en trouves pas, attends d'être rentré chez toi pour jeter ta canette, ton mouchoir ou ton chewing-gum.

LES DÉCHETS, TÉMOINS DE NOTRE HISTOIRE

Les déchets de nos ancêtres sont de véritables « trésors » pour les archéologues.
En étudiant des éclats de silex abandonnés 5 000 ans avant Jésus-Christ, on peut comprendre comment les hommes préhistoriques taillaient leurs outils.
Les débris de vaisselle trouvés dans les douves de châteaux du Moyen Âge nous renseignent sur le mode de vie de leurs habitants.

Le verre peut résister jusqu'à 4 000 ans, comme le prouvent les découvertes archéologiques égyptiennes : on a en effet retrouvé des débris de verre datant de l'époque des Pharaons.

Objectif 1 : Je repère des informations dans un document.

38 Faites le tri !

☆☆ **Relie chaque objet au déchet recyclé qu'on a utilisé pour le fabriquer, comme dans les exemples. Aide-toi de la p. 85 du document.**

	Déchets recyclés	
bouteille •	• canette en aluminium •	• papier toilette
radiateur •	• bouteille en verre •	• vélo
pull en laine polaire •	• brique alimentaire •	• trombone
tuyau •	• bouteille en plastique •	• clé
enveloppe •	• boîte de conserve •	• outil

Entoure le nombre de bonnes réponses. 0 à 2 3 à 5 6 à 8

☆☆ **Complète avec les chiffres qui conviennent. Barre la ligne si l'information n'est pas donnée dans le document.**

- La durée de vie d'un chewing-gum jeté dans la nature est de .... ans.
- Un mégot de cigarette met de .... à .... ans pour se détruire et une allumette .... mois.
- Il faut .... canettes en aluminium pour fabriquer un vélo.
- .... canettes en aluminium sont nécessaires pour la fabrication d'une chaise.
- Un sac plastique jeté dans la nature met .... ans pour disparaître.
- Les piles sont un danger pour la nature car elles mettent .... années pour se détruire.
- Des archéologues ont retrouvé en Égypte des débris de verre vieux de .... ans.
- Un Américain produit .... kg de déchets par an et un Français, environ .... kg.

Entoure le nombre de bonnes réponses. 0 à 2 3 à 5 6 à 8

☆☆☆ **Barre les informations fausses par rapport au document. Entoure celles qui ne figurent pas dans le document.**

- La quantité de déchets par habitant en France a doublé depuis 1960.
- Autrefois, on gaspillait moins car on réparait ce qui était abîmé plutôt que de le jeter.
- On a retrouvé un sac plastique datant de l'époque de Léonard de Vinci.
- Une canette peut mettre jusqu'à 100 ans pour se détruire si elle est en milieu humide.
- Offrir ses livres abîmés à une école est une bonne idée pour limiter ses déchets.
- En jetant une peau de banane par terre, on pollue visuellement le paysage.
- Le recyclage est la seule solution pour résoudre le problème des déchets.
- Les tortues meurent à cause de sacs plastique qu'elles prennent pour des méduses.

Entoure le nombre de bonnes réponses. 0 à 1 2 à 3 4 à 5

Reporte tes résultats dans la grille de suivi.

39 Le recyclage des informations

☆☆ Complète en t'aidant du document pp. 84-85.

- Les boîtes de conserve en acier ont une durée de vie de .... dans la nature. Elles sont recyclées pour faire des pièces de monnaie mais aussi des ...., des .... ou des ....
- Les .... ont une durée de vie de .... dans la nature et peuvent se recycler en rembourrage de couettes, sièges auto, bidons de produits d'entretien, ... et ....
- Les ...., qui ont une durée de vie de 10 à 100 ans dans la nature, peuvent se recycler en ...., ..., ... et ....

Entoure le nombre de bonnes réponses. 0 à 5 — 6 à 9 — 10 à 13

☆☆☆ Complète chaque nouvelle information avec les mots de la liste. Aide-toi du paragraphe « Une solution : le recyclage » p. 85.

bouteilles en plastique – boîtes de conserve – canettes en aluminium – briques alimentaires

- Des lampadaires sont fabriqués, comme certains outils ou radiateurs, avec des ....
- Il faut 7 .... pour fabriquer un rouleau de papier cadeau alors qu'il n'en faut qu'une seule pour fabriquer un paquet de mouchoirs.
- La matière qui se trouve à l'intérieur des peluches ou des anoraks est fabriquée, comme celle des couettes, grâce au recyclage des ....
- Pour fabriquer une boule de pétanque, on utilise des ...., comme pour les trombones et les clés.

Entoure le nombre de bonnes réponses. 0 à 1 — 2 à 3 — 4

☆☆☆ Entoure la réponse au test p. 72 qu'a cochée chaque enfant, en t'aidant du conseil en bleu qui lui a été donné après le test.

- Question 2 du test : Juliette a coché la réponse A - B

Conseil : Lis le tableau « Durée de vie des déchets » p. 84.

- Question 4 du test : Youssef a coché la réponse A - C

Conseil : C'est parfait. Tu avais sans doute déjà lu l'encadré « Un bon conseil » p. 84.

- Question 6 du test : Naël a coché la réponse A - B - C

Conseil : Tu as partiellement raison, mais tu devrais relire le paragraphe « Des déchets envahissants » p. 84 pour comprendre pourquoi ce n'est pas la bonne solution.

Entoure le nombre de bonnes réponses. 0 — 1 à 2 — 3

Reporte tes résultats dans la grille de suivi.

La Grotte de Villars

Près de Brantôme en Périgord

Accueil | Historique de la grotte | Visite de la grotte | Espace pédagogique | Détente | Groupes | **Contact et Tarifs**

CONTACTEZ-NOUS

Vous désirez avoir plus de renseignements ou effectuer une réservation pour un groupe, vous avez des questions, une suggestion... Remplissez notre formulaire et nous répondrons dans les meilleurs délais.

Vos coordonnées

Nom

Prénom

Adresse

Code postal

Ville

E-mail

Téléphone

Votre message

☐ Je désire recevoir de la documentation

☐ Conditions de visite guidée

☐ Contactez-moi par téléphone

Envoyer

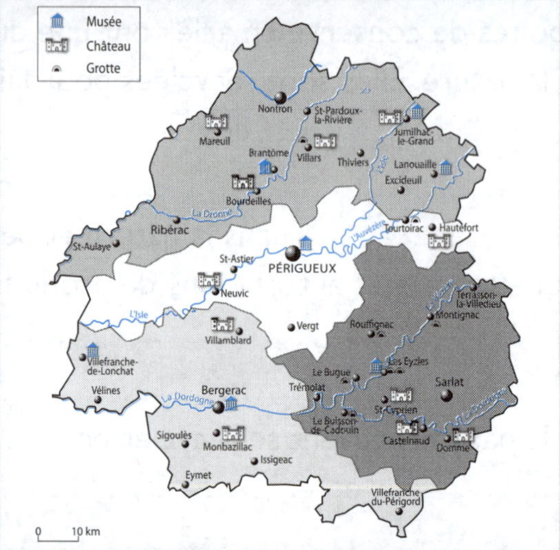

TARIFS

Tarifs individuels

Adultes : 7,50 €
Enfants de 5 à 12 ans : 4,50 €

Groupes

Adultes (à partir de 20 personnes) : 6 €
Scolaires : primaire : 3.50 euros – secondaire : 4 euros

Un livret pédagogique pour les enseignants est téléchargeable sur la page espace pédagogique.

(1 accompagnateur gratuit pour 10 enfants, 6 euros par accompagnateur supplémentaire) OUVERT DU 01 MARS AU 30 NOVEMBRE POUR LES GROUPES SUR RESERVATION (JUILLET ET AOUT UNIQUEMENT LE MATIN)

HORAIRES D'OUVERTURE

Ouvert tous les jours du 1er avril au 11 novembre

	Matin	Après-midi
avril / mai / juin / septembre	De 10 h à 12 h Dernière visite 11 h 30	De 14 h à 19 h Dernière visite 18 h 30
juillet / août	De 10 h à 19 h 30 Dernière visite 19 h	
octobre / novembre		De 14 h à 18 h Dernière visite 17 h 30

CONDITIONS DE VISITE

Il est interdit de filmer et de photographier dans la grotte.

Visite guidée de la grotte : durée 45 mn.

Film – Vidéo de 20 mn sur la formation de la grotte, la préhistoire et la recherche scientifique.

Température dans la grotte 13 °C.
(Prévoir un vêtement chaud)

Label tourisme et handicap auditif et mental. Non accessible aux personnes en fauteuil roulant.

Mode de paiement :
Espèces, chèques, chèques vacances, carte bleue (CB).

Chiens non admis (seuls les petits chiens qui peuvent être portés sont acceptés).

www.grotte-villars.com

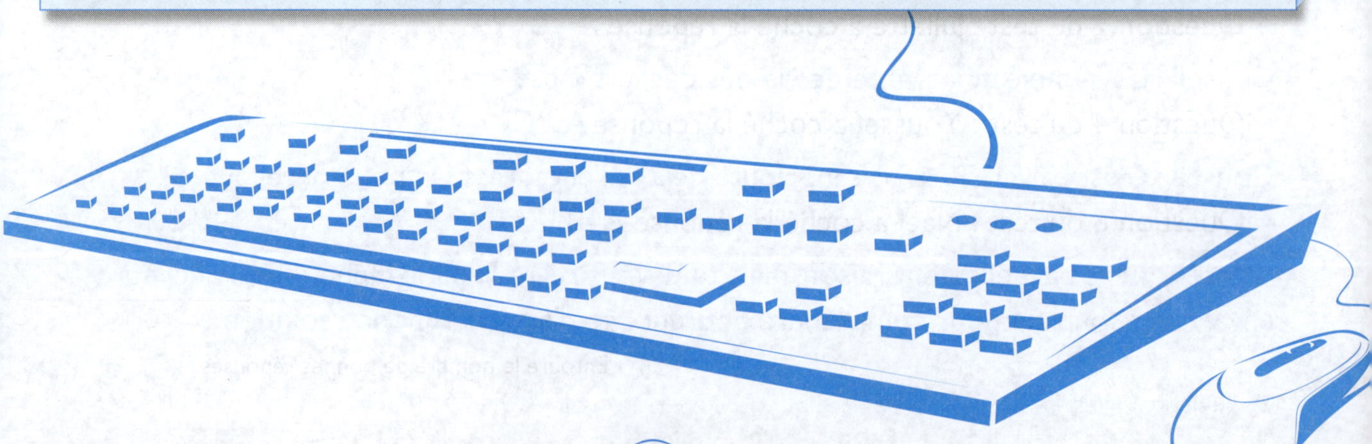

40 L'exploration du site

★★ Coche la ou les bonne(s) réponse(s) à l'aide du document.

- Le document est la page ☐ d'une publicité ☐ d'un site Internet ☐ d'un journal.
- Il permet d'avoir des informations sur ☐ une ville ☐ une région ☐ une grotte.
- Il comporte ☐ une carte ☐ un tableau ☐ un formulaire pour écrire un message.
- La page correspond à la rubrique ☐ Détente ☐ Groupes ☐ Contact et Tarifs.

Entoure le nombre de bonnes réponses. 0 à 2 / 3 à 4 / 5 à 6

★★ Barre les informations fausses à l'aide du document.

- Le prix d'entrée pour un adulte est de 6 € s'il fait partie d'un groupe.
- Tous les élèves venant en groupe paient 3,50 €.
- L'accès à la grotte est interdit à tous les chiens.
- La grotte est ouverte tous les jours du 1er avril au 11 novembre.
- Elle est fermée le matin en juillet et en août.

Entoure le nombre de bonnes réponses. 0 / 1 à 2 / 3

★★ Coche la partie du document permettant de répondre à chaque question.

	Horaires d'ouverture	Tarifs	Conditions de visite
Quelle température fait-il dans la grotte ?			
Peut-on payer les entrées par chèque ?			
À quelle heure commencent les visites en mai ?			
La visite est-elle gratuite pour les accompagnateurs ?			
La grotte est-elle accessible en fauteuil roulant ?			

Entoure le nombre de bonnes réponses. 0 à 1 / 2 à 3 / 4 à 5

★★★ Complète chaque réponse avec le chiffre qui convient. Aide-toi du document.

- À quelle heure ouvre la grotte en juillet et en août ? À .... heures.
- À quelle heure commence la dernière visite le matin, en avril ? À .... heures ....
- Combien de temps dure la visite guidée de la grotte ? .... minutes.
- Jusqu'à quel âge les enfants payent-ils 4,50 € ? Jusqu'à .... ans.
- Pour bénéficier du tarif groupes, combien faut-il être d'adultes ? Au moins ....

Entoure le nombre de bonnes réponses. 0 à 1 / 2 à 3 / 4 à 5

Reporte tes résultats dans la grille de suivi.

41 Toujours plus d'informations !

☆☆ **Observe chaque extrait puis écris dans quelle rubrique du site de la grotte de Villars tu pourrais le trouver.**

Accueil Historique de la grotte Visite de la grotte Détente Groupes

En décembre 1958, une nouvelle découverte allait faire de Villars un sanctuaire : au cours d'une exploration, Pierre Vidal, membre du spéléo-club de Périgueux, observe de nombreuses peintures préhistoriques dissimulées sous la calcite : Villars est une grotte ornée. Un an plus tard, la grotte de Villars est ouverte au public.

Extrait n° 1 : rubrique ....

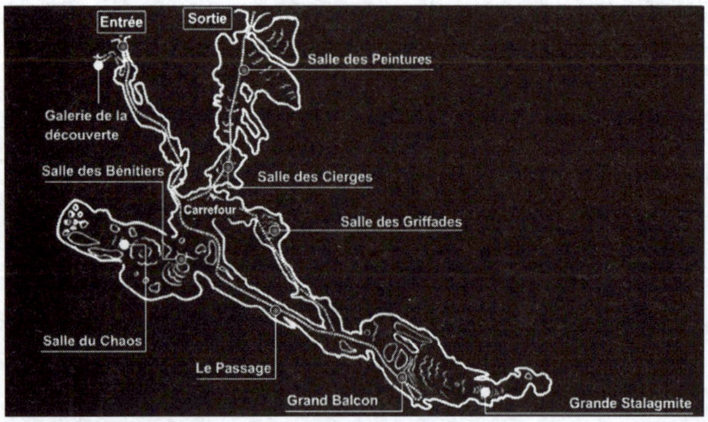

Extrait n° 2 : rubrique ....

POUR LES SCOLAIRES,
2 FERMES PÉDAGOGIQUES À PROXIMITÉ

La ferme gourmande
Dans le cadre de classes vertes ou de classes de découverte, visite de la ferme avec démonstration de la récolte du miel.
en savoir plus

La Champignonnière
Découverte de la production des champignons de couche. Visite guidée (groupe de 25 élèves maximum par visite).
en savoir plus

Extrait n° 3 : rubrique ....

Extrait n° 4 : rubrique ....

Dans un environnement préservé, vous trouverez :
- un bâtiment avec boutique, glaces, bar, terrasse ombragée.
- une aire avec tables forestières, idéale pour les pique-niques en famille.
- une aire de jeux aménagée pour les enfants.

Extrait n° 5 : rubrique ....

Entoure le nombre de bonnes réponses. 0 à 1 2 à 3 4 à 5

Objectif 2 : Je comprends et j'utilise les informations d'un document.

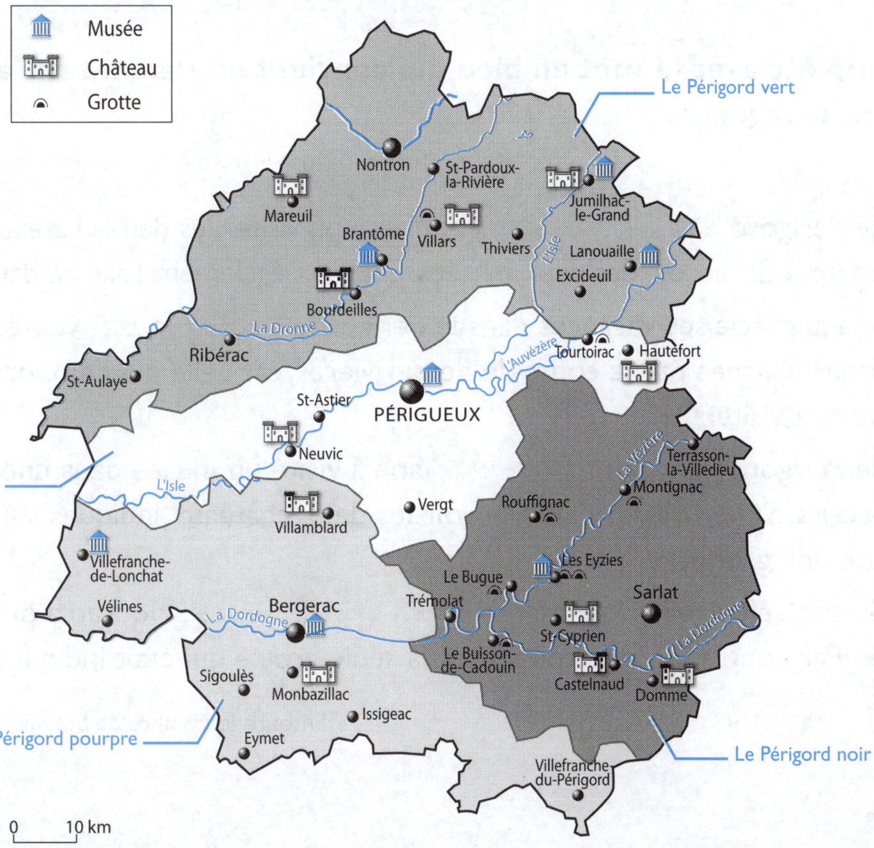

☆☆ Entoure la bonne réponse en utilisant la carte et sa légende.

- La Dronne est une rivière qui traverse le Périgord vert. Vrai / Faux
- Sarlat est une ville du Périgord noir. Vrai / Faux
- La carte indique plusieurs musées dans le Périgord noir. Vrai / Faux
- Il n'y a ni grotte ni musée à Sigoulès, dans le Périgord pourpre. Vrai / Faux
- La grotte de Villars se situe dans le Périgord blanc. Vrai / Faux
- Aucune grotte n'est indiquée dans le Périgord pourpre. Vrai / Faux
- La Dordogne traverse le Périgord noir et le Périgord pourpre. Vrai / Faux

Entoure le nombre de bonnes réponses. 0 à 2 — 3 à 5 — 6 à 7

☆☆☆ Complète avec le nom de la ville qui convient, en t'aidant de la carte et de sa légende.

- .... : cette charmante ville, située non loin de la grotte de Villars, propose la visite de son musée et de belles promenades en bateau sur le cours de la Dronne.
- .... : la célèbre grotte de Lascaux, dont le nom n'est pas indiqué sur la carte, se trouve à proximité de cette petite ville, située sur la Vézère, entre Terrasson-la-Villedieu et Les Eyzies.

Entoure le nombre de bonnes réponses. 0 — 1 — 2

Objectif 2 : Je comprends et j'utilise les informations d'un document.

Complète avec le mot en bleu qui convient en t'aidant de la carte p. 91 et de sa légende.

vert – noir – blanc – pourpre

- Dans le Périgord .... , Maïa a pu visiter les deux châteaux indiqués sur la carte mais un seul des deux musées. Elle s'est également baignée dans la Dordogne.
- Pauline a apprécié ses vacances dans le Périgord .... car cette zone touristique, baignée par le cours de deux rivières, est celle qui comporte le plus de grottes à visiter.
- Dans le Périgord .... ,Yann a visité un musée dans une grande ville située sur le cours d'une rivière. Il est allé voir les deux châteaux indiqués sur la carte. Enfin, il a visité une grotte.
- Lors de son séjour dans le Périgord .... , Mourad a pu voir plusieurs musées. Par contre, il n'a pas pu visiter la seule grotte qui était indiquée sur la carte.

Entoure le nombre de bonnes réponses. 0 à 1 — 2 à 3 — 4

Lis le message envoyé par une école puis complète la réponse avec les informations qui conviennent en t'aidant du document p. 88.

La Grotte de Villars

CONTACTEZ-NOUS

Nom	Cromagnon
Prénom	Édouard
Adresse	École primaire, rue du Silex
Code postal	24441
Ville	Mammouthville
E-mail	mammouth@grotmail.fr
Téléphone	05 00 11 00 11
Votre message	J'aimerais réserver une visite en groupe pour ma classe de 20 élèves, le mardi 6 avril. À quelle heure commence la première visite de l'après-midi ? Aurons-nous terminé la visite avant 16 h ? L'un de mes élèves est en fauteuil roulant. Pourra-t-il effectuer la visite avec nous ? Est-ce que je dois conseiller une tenue spéciale à mes élèves pour la visite ? Où puis-je me procurer un livret pédagogique pour préparer la visite ? Quel sera le tarif par enfant ? Quel sera le tarif pour les trois accompagnateurs ?

La Grotte de Villars

Notre réponse

Nous serons heureux de vous accueillir avec votre classe pour la première visite de l'après-midi qui commence à ....

Vous aurez terminé avant 16 h puisque les visites guidées durent ....

Concernant la visite pour votre élève en fauteuil roulant, la réponse est ....

Étant donné la température de la grotte, nous conseillons à nos visiteurs de prévoir ....

Le livret pédagogique pour les enseignants est téléchargeable sur la page ....

Le tarif sera de .... par élève et de .... pour les trois accompagnateurs.

Entoure le nombre de bonnes réponses. 0 à 2 — 3 à 5 — 6 à 7

Reporte tes résultats dans la grille de suivi.

GRILLE DE SUIVI

Colorie le visage correspondant au résultat que tu as obtenu.

Bien lire les mots

	★	★★	★★★
Objectif 1			
1 Des mots au microscope			
2 Les mots collés			
Objectif 2			
3 De plus en plus fort !			
4 La bonne définition			
5 Le même sens			
6 Au contraire !			
7 À chacun sa famille			
8 Dans quel sens ?			
9 Le sens caché			

GRILLE DE SUIVI

Colorie le visage correspondant au résultat que tu as obtenu.

Bien lire les phrases

	★	★★	★★★
Objectif 1			
10 Qui a dit ?			
11 À suivre…			
Objectif 2			
12 Autrement dit			
13 Les phrases pirates			
14 À chacun son titre			
15 Que s'est-il passé ?			
16 Le bon enchaînement			
17 Avant ? Après ?			
18 De qui ou de quoi parle-t-on ?			
19 Méli-mélo			

GRILLE DE SUIVI

Colorie le visage correspondant au résultat que tu as obtenu.

Bien lire les histoires

	★	★★	★★★
Objectif 1			
20 Que d'histoires !			
21 Tout est en ordre			
22 Pas si bête !			
Objectif 2			
23 Tout est compris ?			
24 Deux histoires en une			
25 C'est toujours la même histoire			
26 Les pirates s'expliquent			
27 Les paragraphes à la loupe			
28 Qui parle ?			
29 Toute une aventure !			

GRILLE DE SUIVI

Colorie le visage correspondant au résultat que tu as obtenu.

Bien lire les documents

	★	★★	★★★
Objectif 1			
30 Tout est dans l'agenda !			
31 L'exercice du journaliste			
Objectif 2			
32 Vu à la télé !			
33 Quelle contrainte !			
Objectifs 1 et 2			
34 Le détail de l'interview (obj. 1)			
35 L'interview à compléter (obj. 2)			
36 Questions de génie ! (obj. 1)			
37 Tout sur Léonard ! (obj. 2)			
38 Faites le tri ! (obj. 1)			
39 Le recyclage des informations (obj. 2)			
40 L'exploration du site (obj. 1)			
41 Toujours plus d'informations ! (obj. 2)			